# El adefesio
# El hombre deshabitado
# El trébol florido

# Rafael Alberti

Colección: Gran Teatro

El adefesio
El hombre deshabitado
El trébol florido

Losada

Alberti, Rafael
   El adefesio. El hombre deshabitado. El trébol florido. - 1ª ed.
   Buenos Aires: Losada, 2005. - 208 p.; 22 x 14 cm. - (Gran teatro)

   ISBN 950-03-6318-6

   1. Teatro Español. I. Título
   CDD A862

1ª edición: abril de 2005

©    Editorial Losada, S. A.
     Moreno 3362, Buenos Aires, 1950, 1960

Composición y armado: *Taller del Sur*
Diseño de tapa: *Ana María Vargas*

Queda hecho el depósito que marca la ley 11.723.
Libro de edición argentina.

# El adefesio

*(Fábula del Amor y Las Viejas)*
*(En tres actos)*
1944

*Estrenada por la Compañía de Margarita Xirgu
en el Teatro Avenida de Buenos Aires,
el día 8 de junio de 1944.*

Personajes del primer acto

GORGO
*Margarita Xirgu*
UVA
*Amelia de la Torre*
AULAGA
*Teresa León*
ALTEA
*Isabel Pradas*
BIÓN
*Edmundo Barbero*
ÁNIMAS
*María Gámez*

*La fábula sucede en cualquier año de estos últimos setenta y en uno de esos pueblos fanáticos caídos entre las serranías del Sur de España, cansados de reminiscencias musulmanas.*

# PRIMER ACTO

*Sala de una casa rica. Puertas laterales. Puerta al fondo, un gran espejo portátil.* Uva y Aulaga *arreglan a* Bión, *mendigo pelirrojo, subido en un taburete, al centro de la escena.* Uva, *de rodillas, le remienda un pernil del pantalón.* Aulaga, *en lo alto de una silla, le peina y tijeretea las espesas barbas. Es de noche. Silencio.*

Uva: Aulaga.
Aulaga: Uva.
Uva: Cuida no distraerte.
Aulaga: ¿Por qué me lo repites tanto?
Uva: Ahora, por las barbas.
Bión: ¡Me clavó usted la aguja, verderol!
Uva: ¡Calla! ¿No oyes?

*(Silencio, suspendiendo un instante la tarea.)*

Uva: Mucho tarda Gorgo en volver.
Aulaga: Se levantó amarilla, de pronto.
Uva: Y yo diría que le rechinaban los dientes.
Aulaga: Y que de un ojo iba a escapársele un relámpago.
Bión: Se le había empingorotado una ceja.
Uva: Te he dicho que te calles, o te hilvano la pierna al pantalón.
Bión: ¡Una ceja, una ceja!

AULAGA *(cortándole las barbas de un tijeretazo)*: ¡Vamos! Por meticón y charlatán te quedaste sin barbas.
BIÓN *(enfurecido)*: ¡Doña Aulaga! ¡Pero doña Aulaga!
AULAGA: ¡Chsss! Silencio, silencio, que ya vuelve.

*(Golpes secos de bastón en el suelo. Iluminada por una palmatoria, doña Gorgo aparece en el marco de la puerta del fondo. Trae barbas de hombre. Aire de abatimiento.)*

UVA, AULAGA Y BIÓN *(santiguándose)*: ¡Cruz, cruz, cruz!
GORGO *(irguiéndose)*: ¡Halconera! ¡Mozcorra! ¡Pelandusca! ¡Que tiemblen desde hoy los de esta casa! ¡Los que me conocéis y los que nunca me hayan visto! ¡Los que se muevan cerca, bajo la punta de este palo, y los que se hallen lejos! ¡Ay, de los que se hallen lejos! Ahora empiezo a ser Gorgo. *(Apaga la palmatoria. Gritando:)* ¡Ánimas, Ánimas, Ánimas!
BIÓN *(espantado, desde lo alto del taburete)*: ¡Gorgo, Gorgo, doña Gorgo!
AULAGA y UVA *(consternadas)*:

> ¡Cruz santa,
> cruz fuerte,
> yo te convido
> para la hora de mi muerte!

BIÓN: ¿Pero cómo aparece con mis barbas la señora?
GORGO *(levantando el bastón)*: ¿Con tus barbas, Bión? ¿Con tus barbazas piojosas? ¡Fuera de aquí, perturbador de vírgenes!
BIÓN *(cayendo del taburete, suplicante)*:

> ¡Toca, moca,
> grillos para tus pies
> y freno para tu boca!

Gorgo: ¡Ánimas, Ánimas, Ánimas! *(Entra Ánimas, cayendo de rodillas.)*
Ánimas: ¡Rata muerta, gato enfermo, líbrame, Dios mío, del estafermo!
Gorgo: Tira ese girón con cerdas, ese harapo indecente a la basura.
Bión: ¡Pero mis barbas, doña Gorgo, mis cerdas... las que me honraban esta cara y este humilde pelaje!
Gorgo: ¡A la basura, Ánimas! ¡A la calle! ¡Por el balcón o por el hueco de la escalera! ¡Pronto! Basta ya de ensalmos y conjuros, que te lo manda tu señora.
Bión: ¡Mis barbas! ¡Mis barbas! Bión no saldrá vivo sin sus barbas. ¡Muérdago!
Gorgo: ¡Largo, largo! *(Empujándolo con* Ánimas *hacia la puerta lateral izquierda.)* Aquí ya no hay más barbas que las mías. *(Tirando por la puerta, con un gesto de asco, las del mendigo.)* ¡Puaf! ¡Se acabaron para siempre los hombres en esta casa! *(Cierra, dando un portazo.)* Así. *(Se sienta, abatida.)* ¡Dios! ¡Dios de Dios! ¿Por qué ibas tú a advertírmelo? No, yo no lo merecía. Me has hecho víctima de mi propia confianza. Yo, yo misma me clavé esta venda en los ojos. *(Mientras* Uva *solloza, bajo, en un sillón,* Aulaga, *de pie, parece ausente, abstraída, en un extremo de la sala.)* Has castigado mi ceguera, mi buena fe, mi falta de dominio, de energía. Porque tú me pensaste autoritaria, dura de contener a un toro con una sola sílaba, de levantar un muro con sólo una mirada. Pero hasta que hoy me heriste, me golpeaste en las pupilas, me vareaste como a un olivo, no me chascó en la sangre el látigo del mando, ni el trueno del poder me reventó en la lengua. ¡Dios! ¡Dios de Dios! *(Quitándose las barbas y contemplándolas.)* Gracias por este símbolo, por este emblema de la autoridad que has colgado en mi cara

y que sin yo saber su don guardaba desde hace tanto tiempo.

Uva *(interrumpiendo los sollozos)*: ¡Ay, las suyas sí que eran hermosas, suaves y desmayadas como un sauce!

Gorgo: No insinuarás con eso que las mías parecen de maíz.

Uva: Pero sus barbas eran verdaderas, ¡ay!

Gorgo: Y estas mías son de santo... Reliquias, Uva, reliquias... Suaves barbas que dieron majestad a la cara de alguien que voló de este mundo.

Uva *(sollozando otra vez)*: Yo quiero las de él, las de Bión.

Gorgo: Púas como las de ese retepuerco brotan en seguida.

Uva: ¿Púas? Ortigas, cardos, agujas de chumbera parecen esas con que nos has salido.

Gorgo: No pongas peros ni critiques a un difunto adorado... y que fue amigo tuyo.

Uva: ¿Amigo mío y con barbas? Yo no he visto de cerca más que las de Bión.

Gorgo: Amigo tuyo y de Aulaga. De las dos. *(Se pone las bar*bas *nuevamente, iniciando un paseo por la sala.)* A ver, Aulaga. Mira. ¿Pero qué te sucede? ¡Vamos! ¿Tanto miedo me tienes? ¿Tanto terror te causo ya? *(Gritándole.)* ¡Aulaga! ¿No me oyes? Despierta. ¡Dios! ¡Dios de Dios!

Aulaga *(lejana, como en sueño)*: Gorgo, Gorgo, Gorgoja... ¿Pero eres tú, Gorgoja?

Gorgo: ¡No, no! Mírame bien. Estás ciega. Abre los ojos. *(Zamarreándola.)* Así. Grandes. Como de vaca. Recapacita. *(Va y viene ante ella, con aire de hombre.)* Ya no soy Gorgo ahora. Piensa, piensa. *(Levantándole a* Uva *la cara.)* Y tú, Uva, también. Tenéis que conocerlo, no lo habéis olvidado. Mirad, mirad. *(Se sienta, siempre con aire de hombre, cruzando la pierna, y en actitud pensativa.)* "¡El olivar, el olivar! Me saquean estos miserables. Me arruinan. ¡No puedo más, no puedo más! ¡Reviento!" ¿Quién sufría, quién se desesperaba de este modo? *(Se pasea, las manos a la espalda, dando saltitos, y diciendo rápido:)* "Sancta María, Sancta Dei Genitrix, Sancta Virgo Virginum, Mater Christi, Mater Divina Gratie... " Uva, Aulaga, acordaos.

AULAGA *(con asombro)*: ¡Gorgo, Gorgo!
GORGO: ¡Más, más, más!
UVA: Ya veo, ya veo, Gorgo.
GORGO: Pensad, amigas mías... Miradme bien ahora... Adivinad ahora... *(Sentándose y desvaneciendo la voz.)* Hija, hijita, Altea... *(Como agonizante y buscando a tientas a alguien.)* Ven... Me marcho lejos... lejos... con tu madre... Pero ahí tienes a Gorgo... *(Ahogándose.)* A Gorgo... *(Al doblar la cabeza como muerta y desprendérsele el bastón.)* Obedécele.
AULAGA y UVA: ¡Don Dino! ¡Don Dino! ¡Don Dino!
ÁNIMAS: ¿Pero qué es esto? ¡Ay! ¿Qué es lo que ven mis ojos, ciega de mí? ¡Pero si es mi señor, mi pobre amo don Dino, tal y como quedó cuando se lo llevaron los ángeles! *(Arrodillándose.)* ¡Señor, señora, amo mío, dueña mía!

*(Uva y Aulaga, a cada lado, con tono de responsorio.)*

UVA: Fue vara dura de virtudes.
AULAGA: Pupila alerta, vigilante.
UVA: Fue ceño adusto, concentrado.
AULAGA: Brazo potente, justiciero.
UVA: Bondad.
AULAGA: Amor.
UVA: Sonrisa.
AULAGA: Luz.
ÁNIMAS: ¡Don Dino! ¡Mi bienhechor! ¡El padre de mi niña!

¡Ay, corro por ella, que tendrá un gran consuelo en besarlo! *(Sale, gritando.)* ¡Altea! ¡Altea!

GORGO *(despertando, con un gruñidito malicioso)*: Sí, sí, don Dino, Din, Dinito, mi difunto hermano. El mismo, exactamente. ¡Qué bien lo habéis reconocido! ¡Claro! ¡Como que son sus mismas barbas! Ni pelo más ni pelo menos. Las que tenía en la mañana de su muerte. *(Se las quita.)* Pero ahora vuelvo a ser vuestra Gorgo. No os asustéis de mí, hijitas. *(Siempre con un gruñidito semiburlón.)* ...Vuestra Gorgo, vuestra Gorgoja, vuestra Gorgojilla, la única amiga que tenéis en el pueblo, en este empecatado pueblo de libidinosos... perturbadores de inocencias... de borrachines! ¡Ja, ja!

UVA *(mientras Gorgo trae una botella y tres copas)*: ¿Perturbadores? ¿Libidinosos? *(Con mala intención.)* No lo dirás por ese pobre retepuerco... a quien también proteges tú.

GORGO: Vamos, Uva, mi Uvita de gato, mi dulce Uvita de perro... Rabiosilla... Una copita de aguardiente, y santas paces. ¿Sí? Es bueno para el flato. *(Ofreciéndole a* Aulaga.*)* ¿Aulaga?

AULAGA: No, Gorgojilla, no. Ya tú sabes que me salen alambres, que me convierto en puercoespín.

UVA: Pues si Aulaga no bebe, yo tampoco.

GORGO: ¿Me están llamando borrachona mis dos comadrejillas? Cuando la sangre le tirita a una por las noches... Porque noto, de pronto, que se me enfría en las venas. Y necesito fuego, hijas, lumbre... y humo, humo...

AULAGA: Bebo, Gorgoja.

UVA: Pues yo, ahora, no.

GORGO *(llenando con su copa la de* Aulaga *y sentándose)*: Gracias, Aulaga. *(Beben las dos.)*

AULAGA: Ésa tiene la culpa de que ya empiecen a salirme espinas negras por los poros.
UVA: ¿Ésa? Yo no soy *ésa*.
GORGO: Ésa, ésa, ésa.
UVA: Uva.
GORGO: De orzuelo.
UVA: Envidiosas.
AULAGA y GORGO: ¡Ja, ja!
UVA: Fue queriendo, adrede.
AULAGA: ¿Qué ponzoña mascullas?
UVA: ...porque te reventaba...
AULAGA: ¿A mí, a mí?
UVA: ...porque os extasiaba, os arrebataba a las dos.
GORGO: ¿A mí? ¿El zarrapastroso? ¿El retemporcado?
UVA: No sé si a ti tanto como a ésta.
AULAGA: ¿Ésta, ésta? Me llamo Aulaga.
UVA: ¡Ésta!
GORGO: ¡Uva!
UVA: ...por eso, haciéndote la distraída, le cortaste las barbas de un tijeretazo... y tú lo echaste de la casa.
GORGO (*amenazante*): Sí, sí. ¡Y que otra vez se atreva a estampar su pezuña en esa puerta! ¡Que lo intente!
UVA (*llorosa*): ¡Ay, tan bueno, tan desgraciado, tan hermoso!
GORGO (*con fingido cariño*): Pero Uva, mi pobre Uvita de pájaro, mi Uvita de cabra, ¿qué sabes tú de eso?
UVA: Tenías celos... Los teníais las dos porque él me prefería. No digo yo que me quisiera más... Pero me prefería, eso sí.
AULAGA: ¿Preferirte? ¿Quererte? Ni a ti, ni a mí, ni a Gorgo. ¡A las tres, a las tres por igual!
UVA: Pero yo he sido la más abnegada. ¿Quién se atrevió a espulgarlo cuando empezamos a protegerlo?
GORGO: ¿Espulgarlo? ¿Pues y las uñas que traía? ¿Quién se las cercenó de raíz?

Aulaga: Con la mano del almirez le tuve que romper el barro de una oreja. Y, después, he sido siempre su barbero. Tarea meritoria, no me lo negaréis.

Uva: Sí, pero mis sacrificios, mis sacrificios. ¡Si supierais! Sufro, sufro por él más que Gorgo y que tú.

Gorgo *(temblándole la copa en los labios)*: ¡Más que Aulaga y que yo! Mirad la santa. La mártir. ¡La sublime!

Aulaga: ¡Conque padeces por Bión más que nosotras juntas!

Gorgo: Eso quiere decir, Uvita, que lo... ¡Vamos, que te *sacrificas* por él demasiado a espaldas mías!

Aulaga: ...que lo ves, que lo *has visto* sin que Gorgo ni yo sepamos nada.

Gorgo: Confiesa, Uva. Habla.

Aulaga: ¿Es que la niña tiene miedo?

Gorgo: Responde. Lo has visto. Ahora voy comprendiendo tu llantina y esa locura por sus pelos.

Aulaga: ¡Quién lo diría, Uva! *(Levantándose.)* ¡Quién, quién, quién!

Gorgo *(girando alrededor de* Uva*)*: Lo has visto. Lo has visto. Lo has visto. *(Deteniéndose, seca.)* ¿Y qué más, Uva? ¿Y qué más?

Aulaga *(girando en sentido contrario)*: ¡Lo vio! ¡Lo vio!

Gorgo: ¿Y dónde, dónde, dónde?

Aulaga: ¡La muy Uva de perro!

Gorgo: En tu casa no fue, porque sería demasiado...

Aulaga: ¡Hambrienta!

Gorgo: En el comedor de los pobres, ¡No, no! Tengo la llave en mi bolsillo... Salgo la última... *(Más lenta y encogida.)* En esta casa... en el jardín... en la torre... *(Pausa.)* ¡Ah! ¡Dios! ¡Dios de Dios! ¡La cochera! ¡Aulaga, la cochera! ¡Allí, allí! ¡Por la puerta caída que da al campo! ¡Ladra, Uva, confiesa! ¡Aúlla que sí, anda, aúlla que sí!

Uva: ¡No, no!
Aulaga: Revienta la verdad, reviéntala.
Uva: Ni con el pensamiento. ¡Nunca! ¡Soy flor, soy flor!
Gorgo: ¡Flor, flor! ¡Entre el estiércol de las cuadras!
Uva: ¡Rosa sin mancha! ¡Nardo limpio!
Aulaga: ¡Bestia, fiera montuna! Voy a arañarte, mentirosa. ¡Corre! Voy a arrancarte, a retorcerte los cabellos.

(Uva *huye por la sala, perseguida por* Aulaga y Gorgo.)

Uva: ¡Yo no tengo sobrino, Aulaga, Aulaga!
Gorgo *(alzando el palo)*: Trae para acá esa frente. Verás qué chispas salta el hueso.
Uva: ¡No tengo a nadie! ¡Sola! ¡Sola!
Gorgo: ¡Uva de perro! ¡Uva de gato!
Aulaga: ¡Corre!
Uva: ¡Matadme! ¡Matadme! ¡Furias, furias! ¡Harpías!

(Entra Ánimas, *deteniéndose, jadeantes, las tres viejas.*)

Gorgo *(con tono suave)*: ¿Qué quieres, Ánimas? ¿Y Altea?
Ánimas: ¿Que qué quiero, señora? *(Excitada.)* Usted, sí, sí, usted, usted lo sabe... ¿Quién sino usted puede saberlo? Debió de habérmelo advertido.
Gorgo: ¿Cómo has tardado tanto, Ánimas?
Ánimas: ¡Señora, ay, mi señora! Cuando se llora dentro de una torre no se oye el llanto en los jardines.
Gorgo: Pero quien busca con ahínco, no perdona rincón.
Ánimas: Así lo hice, mi señora, hasta que la encontré... digo, hasta que la oí... porque solo la oí... ¡Ay, pobre niña mía!
Gorgo: ¿La oíste? ¿Es cierto que la oíste? ¿Es que quizás se atrevió a hablarte?
Ánimas: Señora, sólo usted sabe lo que pasa. Pero si es

buena, compasiva, si no tiene cosido el corazón con un hilo de acero, haga que su sobrina, que esa preciosa niña mía no pierda ojos tan hermosos.

GORGO *(tristemente, pero mirando con una tenue burla a* Uva y Aulaga*)*: ¡Hermosos! ¡Hermosos! Es la primera vez que lloran de verdad.

ÁNIMAS: Se quedarán sin luz, ciegos, encerrados en esa torre oscura.

*(En una breve pausa de* Ánimas, Aulaga *y* Uva *se miran largamente.)*

GORGO *(hundida la cabeza)*: Ciegos... en una torre... ciegos... ciegos...

ÁNIMAS: Yo que la crié, yo que le sostuve sus primeros pasos, que le puse la primera flor en el pelo, que la llevé al monte de las Cruces, que la enseñé a injertar los rosales y a hacer biznagas de jazmines... ¡Por compasión, señora, levántele esa pena y líbremela de esa prisión donde me la ha encerrado, que le juro que Ánimas la volverá a su amor, a la obediencia, al respeto que le debe!

GORGO: Su amor... su amor...

ÁNIMAS: Sólo el que usted le tiene podrá abrirle la puerta.

GORGO: Había pensado, Ánimas. Pero no... Aquí tienes la llave.

ÁNIMAS *(besándola)*: ¡Oh, señora!

*(Inicia la salida.)*

GORGO: Ábrela y tráemela en seguida, pues le tengo que hablar de algunas cosas. *(Sale* Ánimas. Gorgo *se vuelve, grave, hacia* Uva y Aulaga, *pero de pronto corre hacia la puerta, gritando:)* ¡Ánimas! ¡Ánimas! *(Ésta aparece, temerosa.)* Viste a Altea con su mejor vestido, con aquel que entre todas le bordamos cuando fue reina de la vendimia.

ÁNIMAS: La vestiré, señora.

*(Se va.* Uva *ha vuelto a sentarse acongojada con un gesto de llanto y* Aulaga *a quedarse como en éxtasis en un extremo de la escena.)*

GORGO: ¡Amor, a mí! ¡Amor! ¿Habéis oído, hijas? Vamos, Uva, no llores más por eso. Yo sí que ahora debiera estar muriéndome. Gorgojilla te quiere y te perdona, como Aulaga también. Aulaga, Uva: venid conmigo al centro de la sala. Os necesito. ¿Qué haría yo en este trance sin mis comadrejillas? Va a llegar mi sobrina. Ahora sí que lo sabréis todo. ¡Dios! ¡Dios de Dios!

AULAGA: Gorgo. Gorgo. Estoy atenta. Espero...

UVA: ¿Qué has dicho? ¿Qué dijiste?

GORGO: ¡Hombres!

UVA: No me remuevas, Gorgo. Ya sé, ya sé bastante.

GORGO: No me dejéis. Sostenedme. Ayudadme. Necesito ser fuerte, tener palabra y gesto de varón, ser mi difunto hermano, tío y padre a la vez en este horrible trago que me espera.

AULAGA: ¡Hombres!

UVA: ¡Amor! ¡Amor!

GORGO: El espejo. Corredlo acá. Al centro. Quiero echarla en su fondo. Que ella se diga adiós, antes de hundirla en el recuerdo de este instante. *(Retrocediendo, como sonámbula, y mirándose, mientras* Aulaga *y* Uva *van rodando el espejo lentamente.)*

¿Quién está dentro de ti?
¿Qué me devuelves, cristal?
Devuélveme lo que fui.

Lo que ayer tu cristal vio
—¿qué me devuelves, cristal?—
en tu cristal se perdió.
¿Quién está dentro de ti,
muerta, cristal, sino yo?

Y ahora, enfrente, tres sillas. Así. *(Dando unos pasos.)* Uno, dos, tres, cuatro, cinco... A una buena distancia del espejo, que la veamos toda. A ver, siéntate, Aulaga. Y tú, Uva, a mi izquierda. *(Se sienta entre las dos.)*
AULAGA: Esto parece un santo tribunal, Gorgo.
GORGO: Ni más ni menos, hija. El día del juicio. Un muerto me ha nombrado juez de esta triste causa, que deseo fallar con vuestra ayuda. Miradme. *(Se cuelga las barbas.)* ¿Sabré desempeñar mi papel dignamente? *(Mirando al cielo.)* Hermano mío, sólo me serviré de ellas si siento debilitarse mi energía. *(Desaparece un instante por la derecha, volviendo sin las barbas.)* ¡Ah, Uva! Pon ese gran sillón junto al espejo. Y tú, Aulaga, acerca esa mesilla. Ya está. ¡Ah, no! *(Yendo a buscarla.)* Falta la campanilla de plata. Bien, bien. Sentaos junto a mí. Ahora, ya podemos llamar. *(Tocando la campanilla.)* ¡Ánimas!

*(Acompañada por Ánimas, entra Altea, en un lujoso traje popular de campesina, coronada de pámpanos. Ánimas, sin atreverse a avanzar, queda en el quicio de la puerta.)*

ALTEA *(arrodillándose ante Gorgo)*: ¡Perdón, tía, perdón, si por mis pocos años te ocasioné algún sufrimiento, faltando a la obediencia, al amor, al respeto que siempre te he tenido.
GORGO *(con dulzura)*: Levántate, hija. A la reina de la hermosura nada tiene que perdonar una vieja.

ALTEA: Gracias, tía.
GORGO *(después de indicar a* Ánimas *que se vaya)*: Estás hermosa, Altea. ¿Te has mirado al espejo, has vuelto a contemplarte de diosa de los campos?
ALTEA *(con emoción y desconcierto)*: ¡Tía!
GORGO: Vamos, mírate, hija. Queremos estas viejas disfrutar contigo de tu juventud. Ese cristal va a recibirte orgulloso.
ALTEA *(indecisa, confusa)*: Yo sólo quiero complacerte...
GORGO: Uva, Aulaga... Tranquilízate, Altea... Llevadla hasta el espejo para que se recree.
UVA *(tomándola de una mano)*: ¡Niña!
AULAGA *(de los hombros)*: ¡Qué mujer ya! Da gloria.
UVA: Tan chiquita que eras...
ALTEA: Ya sé que me queréis... casi tanto como tía Gorgo.
UVA: Estás maciza, hija.
AULAGA: Redonda y fresca, como un jarro de oro.

*(Altea, sonríe, dulce.)*

GORGO: No seas humilde, sobrina, y menos con ese aire de árbol fuerte, lozano. Alégrate y ufánate, como lo estoy yo de ti. Ríete. *(Levantándose y yendo hacia ella.)* No, si tú no eres triste. Gústate, préciate de tu belleza, de la flor de tus años. *(Altea se ríe tenuemente.)* Más, más. Si no ofendes a nadie por recrearte en tu hermosura. Mírate bien en el espejo. ¿Ves? ¿Quién más sumiso, servidor, obediente? Él no te añade nada, ni te lo quita tampoco. Te devuelve sólo lo tuyo. *(Alzándole los brazos.)* Mira qué brazos, hija. ¿Crees tú que el cristal miente? Mira qué ojos... qué mejillas... qué boca... qué racimo de pelo... *(Se lo suelta.)* Tocadlo, Aulaga, Uva.
AULAGA *(suspirando)*: ¡Oh!
UVA *(nostálgica)*: ¡Qué suavidad! ¡Qué brillo!

GORGO: Puedes vanagloriarte de tus hombros... ¡Y qué garganta, niña! ¿Has visto cuello como el tuyo en estos pueblos de la sierra? No, no me bajes los ojos... Te repito que no seas modesta. ¿Te he educado yo así? Tú sola eres la dueña de lo que está ahí dentro.

ALTEA: Nunca me vi despacio, tía.

GORGO: Mentirosilla. ¿Vas a engañarme ahora? ¡Vamos!

ALTEA: Estoy contenta de gustarte.

GORGO: Gustarme... gustarme... ¿Pues a quién si no, preciosa? Si tuvieras a alguien más que a mí... Pero él cerró los ojos, se nos fue un día, cuando apenas la flor apuntaba en la rama. Ahora has abierto, hija. Y estoy aquí para tu cuidado. Soy algo así como tu jardinera. Es sólo a mí a quien tienes que agradar.

ALTEA: Sí, sí, tía.

GORGO: Pero toca, Aulaga. ¡Qué talle!

UVA: ¡Y qué espalda! Se me duerme la mano...

GORGO: Pues ¿y este busto, amigas? Alguna vez leí que las magnolias... Pero aquí, no... Limones luneros... ¡Qué fragancia! Eres toda un jardín.

ALTEA *(al olerla* Uva*)*: Es la alhucema fresca que mete Ánimas entre mi ropa.

GORGO: ¡La alhucema de Ánimas! Aroma de tu sangre, de tu carne de flor. Y si ese cristal llegara a ver... Pero eso, sobrina, son secretos reservados para espejos más íntimos.

ALTEA *(pudorosa)*: Tía, por Dios, que están Aulaga y Uva.

UVA: No seas vanidosilla, que nosotras hemos tenido también nuestro mayo.

GORGO: Mira, se ha puesto de amapola.

ALTEA: Me moriré, si no merezco tu perdón.

GORGO: Vamos, ponte contenta, Altea. Si yo no estoy enfadada. Lo que sucede... claro... ser tu padre sin serlo... Educarte... Cuidarte... Procurar que hagas sólo lo que a él le hubiera alegrado, envanecido...

ALTEA: Yo nunca quise hacerte mal, tía Gorgo.
GORGO: ¡Hacerme mal! ¿Y por qué piensas eso, hija mía? Me gustaría saberlo. Siéntate. *(Altea se sienta. Después de contemplarla un instante.)* ¡Lástima no sea un trono! Lo que realmente mereces. Pero voy a sentarme yo también. ¡Hacerme mal! *(Con ella, se sientan Aulaga y Uva.)* Claro que si las celosías no dieran a la calle, seguramente, sobrina, no se te habría ocurrido lo que me has dicho ahora. ¡Hacerme mal! *(Pausa breve.)* ¿Qué se ve, niña, desde la azotea? ¿Lo has visto bien? Contéstame.
ALTEA *(con extrañeza)*: El campo, tía... El monte de las Cruces...
GORGO: ¿Y alguna cosa más?
ALTEA: El cielo, tía.
GORGO: ¿Y qué se ve desde la galería del jardín?
ALTEA: Los árboles... las flores... las tapias...
GORGO: ¿Tan sólo eso?
ALTEA: Los pájaros, el cielo...
GORGO: ¿Y tras las celosías del salón bajo, Altea?
ALTEA: La calle...
GORGO: ¿La calle nada más? *(Altea guarda silencio. Gorgo se levanta.)* ¿Nada más? Poca cosa, sobrina. ¿Estás segura tú? ¿Nada más que la calle?
ALTEA: La plaza con la fuente.
GORGO: ¿Y nada más?
ALTEA: ...la iglesia.
GORGO: ¿Eso tan sólo? Porque la calle se ha hecho para andarla, para que la gente suba y baje por ella, ¿No es verdad, sobrina?
ALTEA: Tía, yo te he querido siempre, sino que yo. ¡Qué pena tengo, tía!
GORGO: Y las celosías, para ver sin ser vista lo que sube y baja por la calle.

ALTEA: Tía, tía, te lo suplico.
GORGO: Y para hablar también con el que sube y baja por la calle.
ALTEA *(cayendo de rodillas)*: ¡Perdón, perdón!
GORGO: ¡Hacerme mal! Y el que sube y baja por la calle, el que la ronda por la noche, ¿verdad, Altea, que tiene que ser alto, delgado, moreno, con los ojos seguramente echando llamas...?
ALTEA: Nunca me hiciste llorar, tía.
GORGO: Pero si yo no quiero que llores. No soy ninguna arpía, ningún monstruo feroz en acecho de tu garganta. No temas nada, hija. *(Levantándola.)* Sosiégate.
UVA: Por nosotras, puedes hablar tranquila, con toda confianza.
GORGO: ¿Lo estás oyendo? Aulaga, no te ausentes.
AULAGA *(que se había distraído)*: Sí, sí, somos igual que Gorgo. Habla, habla sin miedo.
GORGO: De modo que es moreno... oliváceo... Con los ojos... ¿De qué color quedamos que tenía los ojos? *(Altea se calla. Gorgo, con acento más duro.)* Negros... pero como tizones encendidos... ¿No? *(Altea asiente con la cabeza.)* Y es esbelto, juncal, como buen caballista... Gran jinete, claro, el más gallardo de estos montes. *(La zamarrea por los hombros, al par que* Altea, *como un pelele, vuelve a mover afirmativamente la cabeza.)* ¿Y se llama? Eso es lo que no sé, lo que todavía no me has dicho, sobrina.
UVA: Pero lo va a decir, estoy segura.
AULAGA: Tía Gorgo tiene que saberlo. Es por tu bien, hija. ¿A qué martirizarla?
GORGO: Lo dirá.
UVA: ¿Y qué motivo hay para callarlo? Yo te ayudo, lucero. Y Aulaga. Verás cómo entre las dos te lo traemos a los labios. ¿Es quizás Lino el de doña Márgara, la del Huerto de los Limones?

GORGO: ¿Es?

*(Altea, siempre con la cabeza niega débilmente.)*

AULAGA: ¿Será Leoncio, el más chico de los Olmedo?
GORGO: ¿Es?

*(Altea, lo mismo.)*

UVA: ¿Blas, el más buen mozo de los del Pino Grande?
GORGO: ¿Es?

*(Altea niega, en silencio.)*

AULAGA: ¿Hernán, el de los Zorzales? ¿Bornos, el de Viña Hermosa?
GORGO *(amenazante con su bastón)*: ¿Es, es, es?
ALTEA: ¡Tía, tía, por favor!
UVA: Pues son los más ricos, hija, los principales en veinte leguas a la redonda.
GORGO *(desabrochándole de un tirón la chaquetilla)*: ¿Será algún piojoso, algún tiñoso del barrio de las liendres? Vamos, niña, responde, o te dirá este palo lo que desde hace rato estás ya mereciendo.
UVA: Le dará vergüenza, Gorgoja, porque quién sabe si no será el barbero de la esquina.
AULAGA *(riendo)*: O Frasco, el esquilador, que no tiene cejas.
GORGO: ¿El esquilador? ¡Qué más quisiera este lagarto muerto! Es mucha honra para ella. ¿Sabéis de quién se ha enamorado? Os lo voy a decir en secreto.

*(Apiñadas las tres oyen algo de Gorgo, prorrumpiendo en una carcajada, tapadas, con un gesto de asco, las narices.)*

Uva: ¡Uf! ¿Será posible, Gorgojilla?
Aulaga: Es asqueroso, niña. ¡Con un oficio semejante!
Gorgo: Pues sí, pues sí, de ese, de ese mismo.
Uva: No seré yo madrina de tu boda. ¡Puaf!
Aulaga: Ni le daría yo un beso sin taponarme antes las narices.
Las tres: ¡Ja, ja, ja, ja!

*(Como tres sombras, como tres rebujos siniestros, riendo, burlonas, hirientes, van y vienen alrededor de* Altea *que llora, bajo, cubierta la cara por sus cabellos.)*

Gorgo: Te repito que no me llores, escoba. Destápate la cara, ¿o es que con esas greñas quieres barrer el suelo?
Uva: Parece un pejesapo.
Aulaga: ¡La reina de la vendimia!
Gorgo: ¿La reina? ¡Del muladar! ¡Del basurero! ¡Se acabaron las diosas de la hermosura! ¡Fuera adornos, colgajos, colorines! *(Le va arrancando el traje a tirones.)* ¡Qué te habías figurado! ¡La reina! Vas a vestir ahora las ropas que mereces. Tráelas, Uva. Están en la alacena de mi alcoba. ¡La reina! ¡Y con pajes secretos que le hacen la ronda a medianoche! O confiesas quién es o te desnudo y salto a arañazos la sangre. Dilo, dilo...
Altea: No puedo, tía, no puedo. Mátame... Sórbeme las venas... Arrástrame por los cabellos...
Gorgo: ¡No! Te enterraré en vida, entre cuatro paredes, y ya no saldrás más, ni a la misa de alba.
Altea: Entiérrame en la tierra... viva... con los ojos abiertos... Pero no me lo pidas... No puedo... Es imposible... Se me hace un nudo en la garganta.
Gorgo: ¿Que no puedes? ¿Que no tienes valor? ¡Vas a ver! ¡Vas a ver si eso es cierto, sobrina!

*(Ha vuelto* Uva *trayendo un traje negro de vieja, largo, triste, irrisorio.)*

GORGO: Aulaga, ayuda a Uva. Colgadle entre las dos esas nuevas prendas... de diosa. Encerrádmela en ellas. *(Iniciando la salida por la derecha.)* Aprisionadla bien. ¡Dios! ¡Dios de Dios! *(Mientras las dos viejas visten a* Altea *silenciosamente, dentro, con ligeras pausas, se oye gritar a* Gorgo*)*; ¡Sí! ¡Sí! Aquí me tienes... Te obedezco... En seguida... ¡Sí! ¡Ya estoy! *(Tapada la cara con un lienzo negro que le cae hasta la cintura, siempre con su bastón, vuelve* Gorgo *a la sala, girando lenta y tristemente alrededor de* Altea.*)*

> Alma que vela en lo alto.
> No me dejes de la mano.
> Alma que sufre en lo alto.
> No me des nunca descanso.
> Alma que alumbra en lo alto.
> No me abandone tu rayo.

*(Deteniéndose frente a* Altea, *dando la espalda al público, se levanta sigilosamente el lienzo que la cubre.)*

ALTEA *(tras un grito de horror, mientras cae como alucinada, de rodillas)*: Cástor... Es Cástor...
GORGO *(siempre tapada, se quita las barbas, que contempla un instante, antes de arrojarlas sobre la mesa. Ya descubierta, mirando hacia lo alto. Con angustia y como para consigo misma)*: ¡No! Mira el abismo en que nos hundes, hermano.
AULAGA *(angustiada, con voz de éxtasis)*: Cástor... mi sobrino... Nunca me dijo nada...

*(Uva se ríe queda y burlonamente.)*

Gorgo *(con aire duro, pero caído, después de levantarla, le cubre a* Altea *el rostro con su lienzo. Gritando)*: ¡Ánimas! ¡Ánimas! ¡Ánimas!
Ánimas *(entrando)*: Señora...
Gorgo: Quítame ese adefesio de delante.
Ánimas: ¡Ay, mi pobre golondrina, mi lucero chiquito!
Gorgo *(indicándole la salida con el bastón)*: ¡Silencio!

*(Se van* Altea y Ánimas.*)*

Gorgo *(después de una pausa)*: ¡Conque Cástor, el sobrinito de tus sueños, Aulaga!... *(Para sí.)* Me lo había dado el corazón.
Aulaga *(rompiendo a llorar)*: Gorgo... Gorgo... Gorgo...
Gorgo *(como iluminada, dirigiéndose al cielo)*: Luz... Sólo tu luz, hermano mío...

*(Uva vuelve a reír, hasta llegar a la carcajada, mientras va cayendo el* TELÓN.*)*

# SEGUNDO ACTO

Personajes del segundo acto:

*Los mismos del primero.*

*Azotea blanca de cal, por la que trepan enredaderas y asoman tras su pretil del fondo las ramas de algunos árboles. Desde ella se divisan, en laberinto, otras azoteas, torrecillas con sus veletas, chimeneas de las cocinas, etc. Macetas con flores, jaulas con canarios, sillas populares de anea... Dramático, pelado, amarillo, contra el cielo de media tarde, el Monte de las Cruces. De negro, Altea borda, sueltos los hermosos cabellos, que peina Ánimas amorosamente.*

ÁNIMAS: Ángel, serafín mío, ¡qué cabellicos para que el sol cantase siempre en ellos su alegría! ¡Qué hebras para que el aire de los campos las peinara! De buena gana los sembraba en macetas, y los regaría todas las tardes, segura de que por la mañana iban a estar reventando de flores. Cada vez que los toco, me parece que aliso enredaderas que se van a trepar por la cal de estos muros, llenas de nidos y de píos de pájaros. ¿Me oyes, Altea? ¿Me estás oyendo, niña?
ALTEA: Te oigo, Ánimas, te oigo.
ÁNIMAS: No, no me estás escuchando, hija preciosa, porque

yo sé dónde anda esa cabeza, adónde vuela ese pechito lastimado.

ALTEA *(tirando el bastidor y levantándose)*: ¡Déjame, por Dios, Ánimas! Te lo suplico. No pongas más tus manos en mi pelo. Quiero estar despeinada, desgreñada, horrible.

ÁNIMAS: ¡Pobre amor! ¡Pobre amor!

ALTEA: No puedo más. Me ahogo. Estoy enterrada en vida, despreciada, olvidada. *(Despeinándose.)* ¡A qué peinarme y arreglarme, si ni siquiera él recuerda que alguien vive penando, prisionera, entre estos mudos paredones. Tápame la cara, cúbreme con el velo negro de tía Gorgo. No quiero ya ni ver el cielo de esta triste azotea.

ÁNIMAS: No desesperes, flor. Aguardemos un poco. No sabemos...

ALTEA: Yo sí, Ánimas, pero me quita el sueño confesármelo.

ÁNIMAS: Pronto me buscará. Estoy segura.

ALTEA: ¿Para qué consolarme con mentiras? Sé muy bien lo que pasa.

ÁNIMAS: Antes, es cierto, hija, me seguía el rastro a cualquier hora igual que un perdiguero. Y adonde quiera que nos tropezábamos, hasta me amenazaba con matarme si no le llevaba tus noticias.

ALTEA: Está cansado, aburrido de no sentirme cerca, de saber que ni siquiera andan mis ojos espiándole detrás de la ventana; desesperado, porque piensa que todo esto es inútil... Y se ha ido, tú lo sabes. Ha huido de mí, adonde no oiga más mi nombre ni el de su tía Aulaga, que lo martirizaba, persiguiéndolo, hostigada por Uva y por tía Gorgo. Cástor ya no me quiere.

ÁNIMAS: No lo calumnies, Altea, no lo castigues tú también ni con el pensamiento.

ALTEA: ¿Es que me escribe ya? ¿Es que ha vuelto a buscarte por el pueblo? ¿Es que ha vuelto a pasar de madrugada por la calle? Y si sólo se fue para no sufrir más la furia de esas viejas, ¿cómo lo hizo sin verte, sin encargarle a alguien que te lo dijera?

ÁNIMAS: Sucede algo, niña. Me lo da el corazón. ¿Qué sabemos tú y yo de lo que traman con tu tía esas dos locas? Un poquito de calma...

ALTEA: ¡Imposible! ¡Imposible!

ÁNIMAS: Una chispita así...

ALTEA: ¿De dónde sacar fuerzas, Ánimas, si a veces sueño ya que no estoy en la vida?

VOZ DE GORGO: ¡Altea! ¡Altea!

ALTEA: La odio. La odio. Que me perdone Dios, pero la odio. Le tengo miedo, espanto. Me arrebata el dormir. ¡Ánimas, por tu amor, líbrame de ella!

VOZ DE GORGO: ¿Qué estás haciendo, Altea?

ALTEA *(asomándose al muro del fondo)*: Nada, tía. *(Entre dientes.)* ¡Que no suba, Dios mío!

VOZ DE GORGO: ¿Está contigo Ánimas?

ALTEA: Sí, sí, tía, peinándome. *(En silencio, en el que suenan las campanadas de un reloj.)* Su voz... sus pasos... las campanas... Y así, todas las tardes, todas las noches, todos los días... Me lastiman las horas... No quiero oír más los relojes ni mirar ese Monte de las Cruces... por donde él se habrá marchado...

ÁNIMAS: No, no, no pienses eso, hija. *(Alrededor de ella, como espantando a alguien con las manos.)* ¡Fuera de aquí, demonios! ¡A volar, malignos! No asustéis a mi niña. Mi niña quiere descansar. Quiere dormir contenta. Quiere escuchar el cuento de "La Pavera del Rey".

¡Paví, paví,
si el Príncipe me viera,
se enamoraría de mí!;

o el del "Pájaro que habla, el árbol que canta y la fuente amarilla". Érase que se era...

*(Un reloj más cercano repite la hora, interrumpiendo a Ánimas.)*

Voz de Gorgo: ¡Altea! Baja pronto al jardín.
Ánimas: En seguida, señora.
Altea: Ya bajo, tía.

*(Se va Altea, mientras Ánimas se detiene recogiendo el bastidor y la cesta de la costura. Cuando va a iniciar la salida, aparece, misterioso, Bión; crecida la barba, aspecto más limpio en su traje de grandes remiendos. Escena rápida.)*

Bión: ¡Ánimas del Purgatorio!
Ánimas: ¡Jesús!
Bión: Me llamó la señora...
Ánimas: Mal hecho... y que me perdone. Me has asustado.
Bión *(riendo)*: Subí por la chimenea, como el humo...
Ánimas *(casi yéndose)*: Y bajarás como la otra vez: por la escalera y a empujones... si no es por el balcón. Corro a avisar al ama.
Bión *(confidencial)*: Una cosita. Espera.
Ánimas: Me aguarda Altea en el jardín.
Bión *(tierno)*: Es para ella, jazmín morisco.
Ánimas *(intrigada, acercándosele)*: ¿Para mi niña, dices? ¡Pronto, corre, Bión!
Bión *(tomándola por la cintura)*: En seguida, cardillo.
Ánimas *(zafándose)*: ¡Vamos, suéltame, enredadera!
Bión: Yerba mala... picuda. *(Mostrándole un sobre doblado.)* Pues ya no te la doy.
Ánimas: ¡Bión! ¡Bión! ¿Qué es eso?
Bión: Sí, una cartita... del muchacho.

ÁNIMAS *(intentando arrebatársela)*: ¡De Cástor... una carta de Cástor!
BIÓN: Del mismísimo niño... confiada a este pobre.
ÁNIMAS: Me la darás, Bión.
BIÓN *(con la carta entre los dientes, corriéndose a un extremo de la azotea)*: Si vienes a quitármela con tu pico de oro...
VOZ DE GORGO *(cercana)*: ¡Ánimas! ¡Ánimas!
ÁNIMAS *(suplicante, mientras el pobre se esconde la carta en el pecho)*: ¡Bión! ¡Bión! ¡Por caridad!

*(Aparece* Gorgo.*)*

GORGO *(a* Ánimas, *desconfiada y con dureza)*: ¿Qué quiere decir esto? ¿Altea sola en el jardín y tú todavía en la azotea? No se desmande el perro antes que la cordera. *(*Ánimas *intenta replicar.)* A tu obligación. Vete.

*(Se va* Ánimas.*)*

BIÓN *(meloso)*: Doña Flor.
GORGO *(con sospecha)*: ¿Qué tienes tú que hablar con Ánimas?
BIÓN *(humilde)*: Vine a hacerle un servicio a la señora...
GORGO *(con su gruñidito de siempre)*: ¿Un servicio?
BIÓN: Como ha tenido el buen corazón de llamarme. *(Sale un instante, reapareciendo con un gran envoltorio.)* Lo dejé ahí, en la escalera... Oí moscardoneo... Me dije: Bión, que no lo vea nadie antes que doña Gorgo. Es sólo para ella. *(Lo desenvuelve, mostrando en alto un jaulón con un gato negro.)*
GORGO: ¡Uf! ¡Qué porquería! ¡Un gato!
BIÓN: Me dije: no lo hay en la casa, Bión. Búscate un gato por ahí y, llévaselo a la señora. ¡Mírelo qué hermoso!

GORGO: ¡Quita! ¡Quítalo de mi vista! Tendrá sarna.
BIÓN: Si no le gusta, doña Gorgo, si me ofende al pobre minino... No faltan azoteas y tejados por donde puede irse a enamorar. *(Humildemente, hace ademán de abrir la jaula, recitando con pena y autoridad.)*

> Sal, sarnoso,
> titiñoso.
> Te lo manda
> este buen mozo.
> Tú me quieres,
> yo te quiero.
> Tú eres gato
> para rebañar el plato.

GORGO *(apiadada)*: Vamos, deja... Ya lo soltarás luego...
BIÓN: En donde usted me ordene.
GORGO: Pues... en donde yo no lo vea. Como a mi hermano Dino, me apasionan los loros... Pero nada de gatos ni de perros.
BIÓN: ¡Gato! ¡Gato! ¿Cree usted que esto es un gato, doña Gorgo? Bión estima a la señora.
GORGO: Será quizás una fiera del monte.
BIÓN: Adivina adivinanza...

> Los ojos son de gato, pero no es gato.
> Las orejas de gato, pero no es gato.
> Las patitas de gato, pero no es gato.
> El rabito de gato, pero no es gato.

> No, mi ama, no, no... La casa suya es grande. Me dije: gata. Puede tener hijitos... Los servicios, completos... Ahora que si mi doña Gorgo lo desprecia...

GORGO: Te he dicho que lo dejes... bueno, que la dejes.

No soy tan mala, hombre, ni desagradecida... Si te protejo a ti, ¿cómo esa gata va a ser menos? Que se quede en la casa, y tenga los gatitos que quiera. *(Alrededor de él.)* ¡Pero qué bien estás, Bión! Traje limpio... amorosamente remendado... El pantalón... Las rodillas cubiertas... La barba...

BIÓN: Ahora me las arreglo yo solo... desde que doña Aulaga...

GORGO: ¿Y las rodillas también? ¿Y esa camisa tan lustrosa? ¡Miren el hacendoso! Manos caritativas se ve que no descansan para ti.

BIÓN: Doña Gorgo te dice que vuelva... Ponte vestido nuevo, me dije... como si nuestra santa Patrona de las Cruces, que eso mismo es usted para Bión, te llamara a la gloria.

GORGO: Pues ya estás en la gloria otra vez.

BIÓN *(dulzón, acercándosele)*: Y junto al ángel de mi guarda, que eso además la considero.

GORGO *(entre tierna y burlona)*: Los ángeles no dicen mentirillas... ni son tan picarones. Esas son cosas del demonio... lo que tú eres, Bión. *(El mendigo se le ha ido acercando más.)* ¡Uf! ¡Aparta, aparta Satanacillo, que me hueles a azufre!

BIÓN: Pero el diablo tiene cara de conejo... y dos cuernos arriba...

GORGO: ¿Y no los tienes tú? *(Bión se los busca.)* Por ahí, por ahí te apuntan, sino que nadie más que yo los ve.

BIÓN: Será verdad, doña Gorgo, pero no sé por dónde andan... Búsquemelos usted.

GORGO: ¡Quita, quita de aquí, que me quemas con el aliento!

BIÓN: Estaré ya condenado, cuando usted, que es tan buena, lo dice. *(Desaparece, llamando desde dentro, mientras doña Gorgo se sienta.)* ¡Tras! ¡Tras!

GORGO: ¿Quién es?
BIÓN *(cavernoso)*: El demonio con su tenedor.
GORGO: ¿Y qué quiere el demonio con su tenedor?
BIÓN: Entrar.
GORGO:
    Pues, por mí, puede el demonio
    con su tenedor pasar.

*(Aparece* Bión, *llevando un escobón de palma a modo de tridente.)*

GORGO *(siguiendo el juego, entre apasionada y burlona, mientras* Bión *gira a su alrededor)*:

    Aparta, aparta, demonio,
    de este corazón tan solo,
    Perturbador de doncellas,
    vampiro de la inocencia.
    Alumbrador del mal sueño,
    mosca del remordimiento.
    Buitre voraz de las almas,
    ladrón de las esperanzas.
    Gira, gira, gira, gira,
    mientras la sangre delira
    y el alma, sin luz, expira.

*(*Bión, *por la espalda de doña* Gorgo, *se inclina, besándola largamente. Suave.)* Bión, Bión, ¿qué has hecho?

BIÓN: Lo que se hace en los infiernos, me dije.
GORGO: ¡Desgraciado! ¿No comprendes que era un juego?
BIÓN: De todos los diablos, doña Gorgo.
GORGO *(levantándose, enfurecida)*: ¡Dios! ¡Dios de Dios!
BIÓN: No se amontone la señora.

GORGO *(con el bastón)*: Vete.
BIÓN: Quería hacerle también otro servicio...
GORGO: ¡A la calle!
BIÓN *(metiéndose la mano en el pecho)*: Una cartita.
GORGO: ¿Cómo?
BIÓN *(sumiso)*: La señora ha sido tan caritativa... No puedo irme sin dársela.
GORGO *(pasando a un tono más suave)*: ¿Una cartita tú?
BIÓN *(entregándosela)*: Del muchacho... para la sobrina.
GORGO: Si no eres un demonio, andas manejado por ellos. *(Agarrándolo por los hombros.)* Mírame fijo, Bión. Más, más.
BIÓN *(emocionado, retirando la vista)*: Yo no puedo mirarla, doña Gorgo.
GORGO: Más, un poco más...
BIÓN *(enternecidísimo)*: Se me salen las lágrimas... Perdone.
GORGO: ¡Ah! Ya veo, ya veo... ¿Será posible? Basta.
BIÓN: No la quise ofender. Vine sólo para servirla.
GORGO: Y te has portado como un ángel. *(Confidencial.)* Y síguete portando, Bioncillo. No te arrepentirás.
BIÓN: Doña hermosura...
GORGO: Ahora, espérame en la galería. Allí estarán ya cosiendo las señoras... ¡Ah! y que esa gata corra libre por donde le parezca.
BIÓN *(al iniciar la salida, con la jaula.)*

> Tú me quieres,
> yo te quiero.
> Tú eres gata
> para comer en plato de plata.

*(Se va.)*

Gorgo *(enfurecida)*: ¡Uva, Uva! ¿Qué intentas? ¿Adónde vas? ¿Qué pozo me preparas sin saberlo? Rencorosa. Celosa. Vengativa... *(Estrujando la carta entre los dedos y dirigiéndose a su hermano.)* ¡Por piedad, ten compasión de mí! Pudiste haber intercedido... ¡Oh desgracia sin nombre! Pero quizás lo hayas dispuesto de ese modo para probar el temple de tu hermana. *(Lee, en silencio, un instante.)* ¡No puede ser! ¿Vas tú a consentir esto? *(Leyendo en voz alta.)* "Estoy tan lejos, amor mío, tan vigilado aquí, en esta casa perdida en medio de los montes, que me temo llegar Dios sabe a qué cuando encuentre la hora de burlar los perros –pobres gañanes sobornados– que nuestras viejas furias alimentan para mi custodia..." ¡Oh! ¡Tú que me concediste toda la autoridad en tus agonías; que deseaste que yo fuese tú mismo; que me dejaste tu voz y hasta el noble atributo que poblaba tu cara...! *(Sigue leyendo.)* "Altea, Altea: si es que vives aún, si es que el sueño no ha vuelto todavía, a tus ojos, como pasa a tu Cástor desde que lo alejaron de tu vera; si es que Ánimas sigue siendo el único desvelo, el único sostén de nuestra dicha..." ¡Hermano, hermano! ¿Y aquel secreto tuyo en la hora de tu muerte? ¿Y para este final que oigo que ya me ronda fui capaz de enterrarlo en los más escondidos rincones de mis huesos? *(Continúa leyendo.)* "Vigila siempre, Altea. Que cada noche Ánimas esté atenta del lado del jardín. No sé todavía cómo, pero te arrancaré de esa espantosa cárcel". *(Enloquecida.)* ¡Dios! ¡Dios de Dios! ¡Volad, murciélagos, sombras de la tarde, y chillad por el pueblo el deshonor, el triste fin de una familia! ¡Daos prisa, vencejos, en bajar a las plazas a repetirlo a los chiquillos para que se nos mofen cantándolo en el corro! *(De rodillas y como en trance.)* ¡Y tú, hermano mío, hiéreme! ¡Descorre, abre pronto los cielos y mándame el castigo de una flecha que me deje cosida, clavada, como un negro espantajo en lo más alto de estos muros! *(Guarda la carta y corre hacia el pretil del fondo, gritando.)* ¡Ánimas! ¡Ánimas! ¡Ánimas! ¡Encierra a Altea en la torre! *(Suben, confusos, del jardín, lloros y voces.)* ¡A obedecer! ¡A obedecer, bruja!

    Alma que pena a lo lejos.
    Sálvate con tu secreto.
    Alma que llora a lo lejos.
    Mátame con tu secreto.
    Alma que calla a lo lejos.
    Llévame con tu secreto.

¡Luz... siempre tu luz! La necesito más que nunca, hermano mío. Todavía estás a tiempo... si es que ya no has abandonado a tu hija y a esta desventurada Gorgo.

*(Precipitados, entran en la azotea Aulaga, Uva y Bión, llevando éste abierta entre las manos una ancha madeja de lana. Uva, que viene devanándola muy nerviosa, trae colgadas al cuello unas grandes tijeras. Aulaga lleva un cesto, de costura, por el que asoman ovillos, largas agujas, prendas de punto a medio hacer, otras madejas de colores, etc. Va cayendo la tarde; un crepúsculo rojo, violento que irá perfilando contra el cielo de nubes el Monte de las Cruces.)*

UVA: ¡Gorgo! ¡Gorgo!
BIÓN: ¡Doña Gorgo!
AULAGA: Oímos llorar a la sobrina... ¡Ay! ¿Qué ha pasado, Gorgoja?
GORGO: ¡Amigas mías, hermanas mías! ¡El deshonor! ¡La deshonra! No os acerquéis a mí. Huidme. Estoy manchada, envuelta en lodo negro. Pisoteada. Herida. Hun-

dida. Muerta ¿No me veis, o es que los ojos se os reventaron en la cara?

Uva: Repósate un poquillo, Gorgo. Estás desvariando.

Aulaga: Me habré quedado ciega... No veo nada, hija.

Bión: ¿No tendrá el mal de muelas la señora?

Gorgo *(visionaria)*: Se me llevan a Altea... Nos la roban... Me la arrebatan...

Uva *(sentándose y devanando rápida ante* Bión, *que permanecerá de pie)*: Calma, Gorgoja mía. Esas palabras y esos gritos... Ya sé lo que te pasa: estás beoda.

Gorgo: Sí, pero de desgracias... Borracha de desastres... ¡Cástor! ¡Cástor!

Uva: ¡El aguardiente, Gorgojilla!

Aulaga: ¿Cómo? ¿Cástor? ¿Ha venido? ¿Se ha ido? ¿Se ha escapado?

Gorgo: ¿Pero es que no escucháis? ¿Es que se os alojaron piedras en los oídos?

Aulaga: Debe ser eso, Gorgo, porque me zumba la cabeza.

Gorgo *(obsesionando a* Aulaga, *mientras que* Uva, *impasible, sigue devanando)*: ¡Es él! ¡Es él! ¡Es su mismo caballo que baja por el Monte de las Cruces!

Aulaga: Tendré neblinas en la vista, Gorgo.

Gorgo: ¡Más, Aulaga! Despierta... Oye, oye.

Aulaga: Ya, ya... ¡Mi pobre niño enloquecido!

Gorgo: ¿Lo ves ahora, Aulaga?

Aulaga: Va entrando por las Herrerías...

Gorgo: El pueblo entero está dormido... Tú duermes... A ti y a mí nos tiene muertas el sueño... Trae el cabello alborotado... Amarillo el color...

Aulaga: ¡Es, es! pasa cerquita de la fuente... *(Susurrado.)* ¡Qué gallardía! ¡Qué hermoso!

Gorgo: Míralo... No volverás a verlo más... Se detiene... Se alza sobre la silla... Ánimas ayuda a Altea... Ya salta... Ya se le abraza ella a la cintura... Rompen chispas los cascos... Ladra un perro... Ladran todos los perros... ¡Huyen! ¡Huyen a galope tendido! ¡Por allí, Aulaga, por allí!

AULAGA *(gritando)*: ¡Cástor! ¡Cástor! ¡Amorcito! ¡Me lo roban! ¡A ella! ¡A ella!

GORGO: ¡Misericordia, hermano! ¡Al ladrón! ¡Que pierdes a tu hija!

AULAGA *(rompiendo a llorar)*: ¡Se lo llevaron! Me quedé al fin sin él. ¡Niño mío, niño mío!

GORGO: Desde ahora estoy maldita. Dejada de tu mano, ¡Dios! ¡Dios de Dios!

(Uva *estalla en una carcajada estridente, seguida poco después por* Bión, *mientras* Aulaga, *apoyada sobre el pretil del fondo, queda abstraída, fija en el Monte de las Cruces.)*

GORGO *(arrancándole a* Uva *la madeja)*: ¿De qué te ríes tú, aguijón suelto? *(Metiéndosela a* Bión *hasta los codos.)* ¿Y tú también, Bión? ¿Te atreves tú también? Os divertís los dos de vernos tan contentas. ¡Qué graciosos mis loritos reales!

BIÓN: Fue doña Uva la primera...

UVA: ¿Qué sabe el puerquecillo de tus cosas, Gorgoja?

GORGO: ¿Que qué sabe? Pues que ría, que ría... Para eso me suplicaste que volviera... *(Arrebata a* Uva *el ovillo. Mientras va liándole al pobre el hilo por todo el cuerpo.)* Y tú también puedes seguir riendo, Uva. ¡Venga! ¡Ja, ja! ¡A reírnos juntos! ¡Riamos todos! ¡Aquí no pasa nada! ¡Aulaga, vuelve en ti! Nuestra Uvita está alegre... Bión es el más feliz de los pobres... Tiene ganas de risa... ¡A ver! ¡Tu ovillo! ¡Tus madejas! *(Bión vuelve a reír estrepitosamente, ante la muda y, creciente indig-*

*nación de* Uva, *mientras* Aulaga *lo aprisiona en otras madejas, siguiendo luego con* Gorgo *enredándolo en el hilo.)*

AULAGA:
¡Devana, devana,
madeja de lana!

GORGO:
¡Ligero, ligero,
madeja de Uvita
de gato y de perro!

AULAGA:
¡De prisa, de prisa!
madeja de risa!

UVA *(levantándose, pálida de furor)*: ¡Basta! ¡Dejadlo ya! ¡Aulaga! ¡Gorgo!

GORGO *(fatigada, rendida)*:
Despacio, despacio,
madeja de Uvita
de perro y de gato.

UVA: ¡Qué juegos se os ocurren, hijas!

GORGO: No, Uva, si vino para que se muriera de risa... Yo también estoy muerta... ¿No me ves? Muerta, muerta... *(Ríe desganada, de un modo trágico.)* Bión es bueno, Bión es santo. Bión es un ángel... un serafín con alas de plata... Dejadme celebrar su vuelta al Paraíso.

UVA: ¿Paraíso esta casa? Eso sería en tiempos de tu hermano.

GORGO: Sí, Paraíso, Paraíso, que Bión puede disfrutar y vivir a sus anchas. Mejor que tú lo sabes. *(Con intención burlona.)* Además, él me entiende.

UVA *(con asombro, saltando, inquieta)*: ¡Él!

GORGO: Sí, él, él.

UVA *(celosa)*: ¿Que él...? ¿Qué es lo que entiendes tú, desventurado?

BIÓN *(misterioso)*: Chsss... Chsss... Silencio, doña Uva.
UVA: ¿Qué misterios son estos?
BIÓN *(riendo)*: ¿Misterios? Los que mi protectora me hace rezar todas las tardes.
UVA: ¿Estás oyendo, Aulaga?
AULAGA: ¿Decías?
UVA: Que ahora voy a ser yo la puercoespín si no me explicáis lo que aquí pasa. ¡Pronto, que ya asomo las púas!
AULAGA: ¿Explicar, Uvita? Déjame. ¿No me ves? Se me han llevado al niño...
UVA: Embrollos de Gorgoja, lela. Hazte ahora la distraída. ¿Me oyes? ¿O es que también amparas tú el entendimiento, el misterio de ésta con Bión? ¡Encubridora!
GORGO: ¿De ésta, has dicho?
UVA: Sí, de ésta, de ésta con éste. *(Descolgándose las grandes tijeras.)* Y ahora éste va a cantar... Y vosotras también. ¡Vamos, gallito, canta, recanta! ¡Kikirikiií! ¿Qué es lo que tienes tú con la señora? Escupe, larga tu saliva, sapejo... ¡Cuác-cuác! Babea por esa lengua...
BIÓN: Amitas mías, Bión es sólo un perro maniatado... Un perro de la calle.
GORGO: Pero sin bozal, Uva. Advierte.
UVA *(tijereteando los hilos y madejas que lo aprisionan)*: ¡Pues a morder, a ladrar libre! ¡Venga! ¡Ladra! ¡Guau, guau! ¡Aúlla, Bión, aúlla largo! ¡Uuuuh! *(Bión lanza al par que* Uva *aullidos y risotadas grotescas.)* ¡Maldita sea la hora que volviste a esta casa!
GORGO *(intentando impedir el arrebato de* Uva*)*: ¡Aulaga! ¡La lana! ¡La lana! ¡La lana de los pobres! ¡Anda! ¡Sigue! ¡Tijeretea! ¡Corta! ¡Rompe! ¡Parte! ¡Hazla trizas!
AULAGA: ¡Mis calcetines! ¡Mis bufandas! ¡Mis chalecos de punto!
BIÓN: ¡Doña Uva, doña Uva!
GORGO: ¡La caridad! Estás empecatada.

Uva *(abalanzándose a la cesta de la costura y arrojando al jardín todas las prendas que hay en ella)*: ¡Fuera! ¡Que se queden desnudos, que tiriten! Los desgraciados quieren prendas limpias, y vuestras manos sólo tejen lodo.
Aulaga: Me das espanto, Uva.
Uva: Limosnas así manchan los cielos.
Gorgo: Estás ya condenada. Te veo el cuerpo de serpiente.
Uva: Tramáis algo... Lo huelo... No perdonáis, lo queréis todo, glotonas. Ésa, ahora, con su sobrino, con ese sobrinito que le cayó un buen día sabe Dios de dónde... Y tú, Gorgoji, si pudieras... *(Dando un empellón al mendigo.)* ¿Para qué decir más? Me sonrojáis hasta la raíz.
Bión: No se desmande mi doña Uva, que le archijuro que Bión no sabe nada de misterios.
Uva *(metiéndole las tijeras por la cara)*: ¡Cállate, o te corto los ojos!
Bión *(corriendo, seguido por* Uva*)*: ¡No, eso no! ¡Los ojos... las barbas...! Sosiéguese la sangre, dueña mía.
Gorgo: ¡Uva! ¡Uva!
Aulaga: ¡Se los cortará! ¡Se los cortará! ¡Quítale esas tijeras!
Gorgo: Lo haría con las uñas. ¡Buitre, buitre!
Uva: ¡A tu cueva!
Bión: ¡Misterios!
Gorgo: ¡Dios! ¡Dios de Dios!
Uva: ¡A tu pocilga! ¡Largo, largo! *(Huye* Bión, *oyéndosele desde dentro:)* ¡Misterios! ¡Misterios! *(jadeante, después de una pausa.)* Ahora tú no lo echaste. Me tocó a mí esta vez, Gorgoja.

*(Se sienta, abatida, tapándose la cara con las manos.)*

Gorgo: Siempre mi pobre Uvita sufriendo.
Uva: ¡Lo eché, lo eché! Y he sido yo. ¿Viste?
Gorgo: No quiero lastimarte, hija... Pero... ¿qué quieres

que yo haga? Eso de hacer de una gotita un río; de un granito de arena una montaña... En fin, que aunque las uvas se conviertan en pasas, el corazón es una niña siempre dispuesta a saltar a la comba.

UVA: ¿Por qué le consentiste que volviera? ¡Para esto, Gorgo, para esto!

GORGO *(irónica)*: Me lo pediste tanto... Te desviviste tanto porque siguiera entre nosotras...

UVA: Pues, me odio, tengo asco de mí.

GORGO: Nos aburríamos tanto sin él...

UVA: Estoy arrepentida. No me lo perdono.

GORGO *(con intención y casi al oído)*: Además, Uva, Gorgo no es rencorosa... ¿Me entiendes? Y menos, vengativa. ¡Perdonar, perdonar! Yo me he alegrado mucho de verle aquí otra vez.

UVA: ¡Gorgo, Gorgo! ¿Por qué me dices eso?

GORGO *(haciéndola sufrir)*: Y si no te ofende, si no te pones en son de Uva montuna, puede volver siempre que quiera... Bión es bueno... Es, sobre todo, *servicial*... Ya sabes tú, hasta me trajo un gato.

UVA: Una gatita, que le robó a un vecino para ti.

GORGO: ¡Y estaba tan contento! ¡Si lo hubieras tú visto! Como que entonces fue cuando me dijo que para él era esta casa la gloria.

UVA: ¿La gloria, Gorgojilla? ¡Qué desgraciado!

GORGO: La gloria, sí; no el Paraíso, como te dije antes.

UVA *(más serena)*: ¡Pues vaya idea, Gorgo!

GORGO: ¡Ah! Y me afirmó también que yo era el ángel de su guarda... ¿No te hace gracia, Uva? Y me llamó flor. ¡Doña flor! ¡Estaba el pobre tan agradecido! ¿Comprendes todo ahora? Esos eran *nuestros* misterios.

UVA: De todos modos, sufro, hija. Perdona.

GORGO: Tranquilízate... Sonríete un poquillo, celosilla. Lo has ofendido, maltratado, echado...

Uva: Lo merecía...

Gorgo: ...y sólo por sospechas, por imaginaciones...

Uva: Creí que lo merecía. Me va a estallar el alma.

Gorgo *(ensombreciéndose)*: ¿Y a mí? ¿Qué va a estallarme a mí? Olvidas tú que yo agonizo... que estoy en medio de un combate, rociada de heridas...

Uva: ¡Gorgo!

Gorgo: ...que quien se va a morir soy yo, si no me sostenéis, si me olvidáis del todo. ¡Aulaga!

Aulaga: ¿Me nombraste?

Gorgo *(transfigurándose)*: Sí, sí. Acércate. ¿No sabéis? Tenía que decíroslo. Me habló antes mi hermano. Se llenó la azotea de su voz. Primero era un susurro: "¡Gorgo, Gorgo!" Miré a las chimeneas... Pensé de pronto que me llamaba el humo... "¡Aquí, Gorgo: soy yo!" Venía de las enredaderas... Puse el oído en las hojas... No, más allá de las veletas... "No te duermas, hermana. Sería una traición tu sueño. Se te caigan los ojos antes de cerrarlos. Van a llevarse a Altea... Y ya sabes, ya sabes... Sufro... Mi alma se angustia desvelada... Llora. ¿No escuchas cómo llora? No me la condenes".

Aulaga: ¿Eso decía, Gorgo?

Gorgo: ¿No oísteis? ¿No visteis desde la galería? Me entró miedo. La encerré otra vez en la torre... La ronda el gallo rojo... Oigo que se prepara... Se está afilando las espuelas. Va a venir, va a venir...

Aulaga: ¡Cástor! ¿Pero no se ha ido?

Gorgo: ¡Va a venir! Todavía podemos detenerle...

Aulaga: ¡Sí, sí!

Gorgo: ...Correr a él... Darle vuelta al caballo...

Aulaga. ¡Sigue, sigue!

Gorgo: ...y llevárnoslo lejos... muy lejos...

Aulaga: ¡Para, hijo! ¡Un instante!

GORGO: ...más allá de esos montes... a otro campo... hasta que todo esto se lo trague el olvido.

AULAGA *(en delirio)*: ¡Ay, mi niño! ¡Mi muerte, mi vida! ¡Una palabra...! Oye... Tú no sabes, no sabes. Vas a quedarte, no me vas a dejar, cuando yo te la diga...

UVA *(apiadada)*: Aulaga, escucha, Aulaga...

AULAGA: Yo te tomé de chiquito... Te trajeron de no sé donde... de un cortijo lejano... cuando eras apenas una florecilla...

UVA: Te lo suplico... Mírame siquiera...

AULAGA: ...Fuiste creciendo junto a mi soledad. Te fui haciendo mío, sin ser nada de mí... como si hubieras corrido por mi sangre... habitado mis pobres entrañas...

UVA: ¡Hija, hija!

AULAGA: ...Y luego, ¡cuánto amor, cuánto amor! ¿Es que no valen nada para ti mis desvelos, mis sacrificios, mis angustias? Te lo digo ahora, niño, pero no lo repitas, no me lo vuelvas a recordar nunca... Yo no soy nada tuyo... ni siquiera tu tía... Por eso tú lo eres todo para mí... No me abandones...

GORGO: ¡Aulaga, Aulaga! No se irá, no te dejará... No se la llevará, no nos quedaremos sin ellos... Yo sé, yo sé...

UVA: Hay que acabar con este crimen. Sois unas egoístas.

GORGO: Muérdete el labio, Uva. ¿Qué sabes tú de crímenes? ¿Es que nosotras no nos hemos consumido esperando? Ayudadme, es lo único que os pido. Sostenedme un poquitito más, y veréis... *(Gritando.)* ¡Animas, Ánimas, Ánimas! ¡Saca a la niña de la torre y tráela a la azotea!

AULAGA: Gorgo manda. Ella es la autoridad. El varón. El hombre. Ella tiene las luces de su hermano.

UVA: Será verdad, hijas: Uva no sabe nunca nada. Todo lo que de aquí en adelante suceda, pesará sólo sobre tus hombros, Gorgo responde a dictados secretos.

GORGO *(iluminada)*: Los cumpliré, tenedlo por seguro...
Y si no los cumpliera:

>Que los ojos se me caigan,
>alma triste, alma en desgracia.
>Que se me parta la lengua,
>alma en duelo, alma en tinieblas.
>
>Que se me astillen los huesos,
>alma en llanto, alma sin sueño.
>
>Que se me seque la sangre,
>alma en angustias mortales.
>
>Que el corazón se me hiele,
>alma en peligro de muerte.
>
>Que jamás me reconozcas,
>alma en peligro de sombra.

*(Tras un silencio espectante, que sólo sirve para oscurecer aún más el dramatismo del crepúsculo violento, traída por* Ánimas, *tapado el rostro con el lienzo negro, aparece* Altea *como una sombra.)*

GORGO *(suavemente)*: Te llamé, sobrina, para decirte algo que he pensado, que he decidido que supieras... y para que pasaras también el final de la tarde con nosotras.
ALTEA: No quiero saber nada. Vivo mejor en el olvido de todos.
GORGO: Sufro por eso, hija.
ALTEA: Estoy mejor tranquila, allí sola, con los vencejos y el campaneo de los relojes.
GORGO: ¡Altea, Altea!

ALTEA: No te ocupes de mí. Déjame que me vaya.
GORGO: Ánimas, quítale el velo. Conozco tu martirio, niña.
ÁNIMAS *(susurrado, al quitárselo)*: Ven, florecita...
UVA: Triste rosa de cera.
AULAGA: Pues yo la encuentro como siempre: hecha un jardín de mayo.
ALTEA: Me quiero ir.
GORGO: Mi voluntad no hubiera sido esta. No soy dueña de mí. Alguien que se desvela por tu bien me lo manda. Le obedezco.
ALTEA: Te lo suplico, tía. Ya no estoy en la tierra. Piensa que me he marchado, que abandoné esta casa hace ya mucho tiempo.
GORGO: Siempre, hija mía, el primer amor se presenta el más triste. Así me sucedió a mí de muchacha... Así nos pasó a todas.
ALTEA: No quiero hablar con nadie.
GORGO: Va a sonar la Oración.
ALTEA: La oiré desde la torre. Dame permiso para irme.
GORGO: Ánimas, trae las cañas. *(Sale* Ánimas.*)* Es la hora. ¿Te acuerdas? Pero tú eras muy chica.
ALTEA *(decidida)*: Me voy.
GORGO *(autoritaria)*: ¡Altea! *(Nuevamente suave.)* Tu padre era feliz. En primavera, sobre todo, no perdía una tarde. Uva y Aulaga no lo habrán olvidado.
UVA: Sí, sí, cazábamos con él.
GORGO: Hoy quiero recordarle contigo... Dale ese gusto, Altea. No te lo pido para mí.
UVA: Aulaga tenía miedo.
AULAGA: Nunca cacé ninguno, en cambio Gorgo...
GORGO: No es tan fácil, sobrina. Hay que estar muy atenta. Anda. Vas a distraerte un poquito. Los pájaros... esos, no. Sería como matar a florecillas indefensas. Pero los murciélagos... *(Misteriosa, obsesionante.)* Mira,

mira, sobrina... Mirad... Van altos todavía... Acaban de salir... Vuelan enceguecidos, esquivando los quicios de las torres... Anidan en la cabeza de demonio... y dan vueltas y vueltas como el remordimiento... Su olor es el de la tristeza castigada, el de la melancolía enferma, el del humo seco, descomponiéndose; y sus alas, envarilladas y sin plumas, como las de los ángeles caídos. *(Vuelve* Ánimas, *trayendo cinco largas cañas, con un trapo negro en la punta. Mientras* Ánimas *las va dando.)* Matarlos, derribarlos, es como irse limpiando la conciencia de manchas, emblanqueciendo el alma de sus culpas. *(Ya con su caña, en el centro de la azotea.)* Girad, girad despacio esos pañuelos negros y los veréis obsesionados, crujiendo, chirriando como pestillos en la noche... *(Las van girando rítmicamente, mientras suena lejano aún y triste el toque de Oración.)*

    Mensajeros de la muerte,
    nunca anidéis en mi frente.

AULAGA:
    ¡Caed, volad,
    y dejadme en mi sueño descansar!

GORGO:
    Vuestros designios funestos
    nunca perturben mi pecho.

UVA:
    ¡Volad, caed,
    y dejadme en mi sueño florecer!

GORGO:
    Nunca vuestras alas ciegas
    se agiten en mi conciencia.

ÁNIMAS:
    ¡Huid, girad,
    y dejadla sin miedo volar!

GORGO:
> Vuestro color de desgracia
> nunca enlute esta morada.

ALTEA:
> ¡Huid, huid,
> y dejadme olvidada morir!

GORGO *(dejando, con todas, de cazar)*: Morir, morir... ¡Qué extraño pensamiento, sobrina! Como caído de estos demonios voladores.

ALTEA: Sí, tía, morir, morir del todo... Cerrar los ojos y no ver nunca más esta cárcel, esta azotea, ese monte...

GORGO: Sombras de enamorada, hija. Pero serías cruel, Altea, y no contigo misma, ni conmigo, ni siquiera con Ánimas, que no duerme por ti, sino con alguien que es la causa...

ALTEA: Yo no tengo ya a nadie. Estoy sola, rodeada de espanto.

ÁNIMAS: Corazón... Amorcito.

GORGO: ¿Sola, sobrina?

ALTEA: Sí, sí.

GORGO: ¿Olvidada, sobrina?

ALTEA: Sí.

GORGO: ¿Puedes asegurarlo, sin que la sangre se te inquiete?

ALTEA: No sé. Pero deseo que así sea.

GORGO: ¿Lo dices de verdad? Acércate el oído al corazón.

ALTEA: ¡Tía, tía!

GORGO: Dudas, hija. Lo veo.

ALTEA: No me asesines lentamente. Mátame de una vez. No puedo más.

GORGO: Me estás mintiendo, Altea.

ALTEA: Déjame. Te he repetido ya lo que deseo.

GORGO: Serías injusta. Mira. *(Muestra la carta. Silencio.)*

AULAGA: ¡Gorgo, Gorgo! Una carta.

ÁNIMAS *(entre dientes)*: ¡Dios mío!
GORGO: Te has quedado sin habla, Altea. Y tú, Uva, también. Sí, una carta. De Cástor. ¿Para qué no decirte la verdad? *(Pausa, en la que* Altea, Aulaga *y* Uva *dan un paso hacia* Gorgo.*)* No te acerques, sobrina. No os acerquéis ninguna...

*(Un humo suave comienza a salir de las chimeneas mientras las campanas de la Oración vienen y van melancólicas.)*

ALTEA *(dura)*: Me la darás.
AULAGA: Me pertenece a mí.
ALTEA *(apartándola)*: ¡Quita de aquí, ladrona!
UVA: Es para Altea. Dásela.
ALTEA: Soy yo la única dueña. Es mía.
GORGO: Tuya. Pero no la tendrás.
ALTEA: Sí.
GORGO: No hace falta, sobrina. Voy a gritarte lo que dice. Óyelo bien.
ALTEA: Quiero leerlo yo.
AULAGA: No, yo.
GORGO: No te quieras morir: Cástor te quiere.
ALTEA: De ti no creo nada. Dámela.
GORGO: Va a matarse por ti... Vive lejos, te dice, muy lejos de este pueblo, rodeado de montes, vigilado, secuestrado por estas furias. *(La van cercando lentamente.)* ¡Atrás, atrás! No podrá escapar nunca... Y va a tirarse al río... a ahorcarse de una rama...
AULAGA: No es verdad.
ALTEA: Te odio.
UVA: Te apoderaste de esa carta.
GORGO: Se la quité a Bión. Para eso quisiste que volviera. Traicionaste, alcahueta.

ALTEA *(fuera de sí)*: ¡Es mía!
AULAGA *(lo mismo)*: ¡Es mía!

*(Parten las cañas y las levantan amenazantes. Menos Ánimas.)*

GORGO: Es mía... Mía... Mía nada más. *(La rompe en pedazos y se los guarda en el pecho, al momento que la derriban entre todas.)* ¡Dios! ¡Dios de Dios! *(Mientras la golpean.)* ¡Pegadme! ¡Heridme! ¡Saltadme la sangre a borbotones! ¡Qué sabéis! ¡Mírame, hermano mío! ¡Mira a tu propia hija... a mis amigas fieles...! Pero yo te defenderé, yo te obedeceré, yo salvaré tu honor, guardando tu secreto hasta el martirio... ¡Ánimas! ¡Ánimas! Hiéreme tú también, ¿qué esperas?

*(El toque de Oración se acerca ahora más fuerte, mientras el humo espeso de las chimeneas ennegrece todavía más la tarde y desciende el telón.)*

Personajes del tercer acto

Gorgo
Uva
Aulaga
Altea
Bión
Ánimas

Mendigo 1º
*Gustavo Bertol*
Mendigo 2º
*Miguel Ortin*
Mendigo 3º
*Eduardo Nevek*
Mendigo 4º
*Jorge Closas*
Un hombre del campo
*Don M. Navarro*
Cástor
*Alberto Closas*

*Tapadas del pueblo y otros pobres.*

# TERCER ACTO

*El jardín de casa de doña* Gorgo. *En primer término izquierda, muro blanco con puerta. En segundo, hacia el centro, el arranque esbelto de una torre: balcón bajo, con puerta practicable, y dos ventanas. Árboles, enredaderas por los muros encalados, macetas... Jardín de aire romántico y lleno de abandono. A la derecha del primer término, una mesa ya preparada: frutas, jarras de vino, una gran fuente cubierta, etc. Es de noche. Y hay luna.*

Gorgo, *rodilla en tierra, iluminada por un rayo, aparece como en estado de éxtasis. Iluminada por otro, se ve a* Altea *en la ventana más alta de la torre.*

ALTEA:
    Unas torres dan al campo.
    Otras, al mar, a la Mar.
    Las torres de mi esperanza,
    ¿adónde dan?

GORGO:
    Mírame aquí golpeada,
    por ti, hermano;
    desfallecidas las sienes,
    doloridos los costados.

    No fue con varas de lirios,
    hermano.

Cañas agudas, partidas
cañas las que me clavaron.

Me viste volcada en tierra,
hermano.
Comiendo el polvo, mordiendo
las losas que tú has pisado.

Dalias me son las espinas,
por ti, hermano;
violetas dulces, los golpes;
tibios claveles, los clavos.

ALTEA *(una ventana más abajo)*:
Hay torres que ven caminos;
otras, barcos que se van,
Las torres de mi tristeza,
¿qué verán?

GORGO:
El doblez, la villanía,
hermano;
la falsedad, la locura,
la humillación, el engaño;

el suplicio lento, el crimen,
por ti, hermano;
la pena de perdonar
hasta a los que me azotaron.

Todo por ti, hermano mío,
y aún más, hermano:
si es preciso, que me marquen
con sus huellas los caballos.

ALTEA *(ya en el balcón)*:
Torres que cantan, risueñas;

torres de sólo llorar.
Las torres de mi agonía,
¿qué harán?

*(Con el rayo de luz, se retira del balcón.)*

Voz de Uva *(en penumbra)*: ¡Gorgo!
Gorgo:
¿Quién me llama? Que se burlen
de mí, hermano;
que se mofen, que se rían
hasta quedarse sin labios.
Voz de Aulaga *(susurrada)*: ¡Gorgo!
Voz de Bión: ¡Doña Gorgo!
Gorgo:
¡Venid! ¡Llegad! Aquí estoy,
tuya, hermano;
dispuesta a salvar el limpio
nombre que nos has dejado.
Voz de Altea: ¡Tía!
Voz de Ánimas: ¡Señora!
Gorgo:
No llores, alma escondida,
¡hermano, hermano!
Hoy mismo quedarás libre,
santo, puro, inmaculado.
Voces de los cuatro mendigos *(misteriosas)*: ¡Doña Gorgo! ¡Doña Gorgo!

*(Se va el rayo de luz que la iluminaba. En el jardín, y por distinto sitio, han entrado Uva, Aulaga, Bión y los Cuatro Mendigos. En el balcón están Ánimas y Altea. Tanto unas como otros llevarán un farolito encendido, que irán luego dejando ya sobre la mesa o colgados de los árboles.)*

Gorgo *(muy humilde y suave durante la escena)*: Habéis venido, hijas. Y vosotros también. Gracias, gracias. Ya estáis aquí conmigo. Es el día de la caridad, de la santa limosna, que siempre en esta casa se celebró todos los años. Pero yo he querido que éste se adelantara. Y que además fuera de noche. Mirad qué hermosa luna de junio va a acompañarnos en la cena. ¡Ánimas, Altea! También os quiero en el jardín. Bajad, bajad las dos.

*(Se retiran del balcón.)*

Uva: Siempre nos avisaste en este día para que te ayudáramos.
Aulaga: Pero esta vez no nos has dicho nada, Gorgo.
Gorgo: Todo lo he preparado yo sola. No he consentido ni que Ánimas extendiera el mantel.
Bión: ¿Y hasta las mesas las sacó sin ayuda de nadie la señora? Bión cargó con ellas otros años y él mismo fue también quien con su mano degolló el cordero.
Mendigo 1º: ¿Para qué servirnos los pobres? ¿Para qué estamos, si no para que se nos mande? Ve por esto, caballo. Trae aquello, maldito. Corre para acá, podenco. Lárgate para allá, alcornoque.
Mendigo 2º: Eso es lo que yo digo, doña Gorgo. Obedecer:

> A la una, saca al corralón la mula.
> A las dos, la coz.
> A las tres, sácala otra vez.
> A las cuatro, el palo.
> A las cinco...

Gorgo: Bueno, hombre, bueno. Cosas de herejes, de almas sin corazón.

MENDIGO 3º: Pues los platos los fregaremos después entre todos.

MENDIGO 4º: Y de rodillas, si nuestra ama así lo ordena.

MENDIGO 1º: Con el hocico los limpiaríamos, si ése fuera su gusto.

BIÓN:
> ¡Vengan fuentes,
> vengan platos
> a la lengua de estos gatos!

GORGO: Así siempre lavaría yo los vuestros, Bión, si me creyera digna...

UVA: Estás sublime, Gorgo.

GORGO: Una desventurada, una pobre mujer.

UVA: ¿Pobre tú, Gorgojilla? Me gustaría verte descalza, como los desgraciados de verdad.

GORGO *(siempre mansa)*: No me hieras, Uvita, que así voy a serviros esta noche. *(Se saca los zapatos y las medias.)*

UVA: ¡Jesús!

AULAGA *(muy conmovida, haciendo ademán de arrodillarse)*: Gorgo, hija mía, perdóname... Te lastimé... Dudé de ti... Eres buena.

UVA: Loquilla, hipocritilla solamente...

GORGO: Y todo lo más malo, Uva. Habla, grítalo en público, si quieres... *(Tomando a* Aulaga *por un brazo.)* No, Aulaga, no, no... Eres tú quien me tienes que perdonar... Sufres... No vives... Estás enferma de pasión de ánimo...

UVA: Antes yo era la mártir, Ahora... ¡Mirad!

GORGO: Sí, miradnos, benditos, y burlaros con doña Uva de estos dos tristes espantajos. Es noche de perdón. *(Volviéndose, lenta, para iniciar la salida.)* Tened la caridad de esperarme un poquito... Vuelvo en seguida con vosotros.

Luz llorosa, luz divina,
hoy brillarás sin espinas.
Luz enferma, luz lejana,
hoy verdecerás lozana.

(Bión *y los* Cuatro Mendigos, *muy emocionados, mientras* Gorgo *camina despacio hacia la puerta.*)

BIÓN: ¡Se le vuelvan las piedras clavellinas, doña Gorgo!
MENDIGO 1º: ¡Ángel de la bondad!
MENDIGO 2º: ¡Patrona de los menesterosos!
MENDIGO 3º: ¡Fuente de los necesitados!
MENDIGO 4º: ¡Refugio de los desvalidos!
UVA *(entre dientes)*: Borrachina... loca... reloca...
AULAGA: ¡Santa, santa, santa!

(*Mientras doña* Gorgo *desaparece,* Altea *y* Ánimas *entran por el fondo del jardín.*)

BIÓN *(alegre)*:
    ¡Largo, larguero,
    Martín caballero,
    llegó la luna
    con su lucero!
UVA: ¡Altea!
AULAGA: ¡Altea!
BIÓN: ¡La enamorada de los muros!
ÁNIMAS: ¡La niña de las azoteas!
MENDIGO 1º:
    ¡La gloria que del cielo
    nos llegó y viene
    a darnos lo que tiene y lo que no tiene!
BIÓN *(brincando alrededor de ellas)*:
    ¡A la rueda del membrillo,

que no hay pan sin dinerillo!
MENDIGO 2º:
  ¡Con sus ojitos de avellanas,
  que por el día se recogen
  y por la noche se derraman!
BIÓN:
  ¡A la rueda del ciruelo,
  que no hay llanto sin pañuelo!
MENDIGO 3º:
  ¡Con sus pechitos de paloma,
  que por la noche tienen alas
  y por el día no se asoman!
BIÓN:
  ¡A la rueda del clavel,
  que no hay pluma sin papel!
MENDIGO 4º:
  ¡Con su boquita de piñón,
  que por el día es de naranja
  y por la noche es de limón!
BIÓN:
  ¡A la rueda que no rueda
  si no hay pan y no hay moneda!

*(Todos, haciendo ademán de pedir:)*

MENDIGO 1º: Nos darás una...
MENDIGO 2º: Nos darás dos...
MENDIGO 3º. Nos darás veinte...
MENDIGO 4º: ¡Divina flor!
BIÓN: ¡Y suene el pito el afilador!

*(Mientras el* Mendigo 1º *chifla en un pito de afilador unas pitadas estridentes, Bión y los otros pobres se abalanzan a las manos de* Ánimas, Uva *y* Aulaga, *obligándo-*

*las a dar unas vueltas violentas alrededor de* Altea, *llenas de patadas y gritos.)*

Uva *(rompiendo el corro)*: ¡Patazas de mulo!
Bión: ¡A la rueda, siga la rueda, mi doña Uva!
Aulaga *(jadeante)*: Me va a saltar el corazón.
Bión *(al abrazar a* Ánimas *por la cintura)*:
 ¡Ahora, pastora,
 llegó la hora!
Ánimas: ¡Bestia! ¡Salteador! ¡Verás tú luego!

*(Los tres* Mendigos, *avanzando hacia* Altea*:)*

Mendigo 2º: ¡La reina!
Mendigo 3º: ¡La flor de la vendimia!
Mendigo 4º: ¡El mosto de los lagares!
Altea: ¡Ánimas! ¡Ánimas!
Ánimas *(interponiéndose)*: ¡Como siquiera la toquéis, os reviento!
Bión *(tirando de* Aulaga *para llevarla entre los árboles)*:
 ¡Mi doña Aulaga, a la rueda,
 que pago en buena moneda!
Aulaga: ¡Uva, que me lleva Bión! ¡Que me pierde!
Uva *(tirando de* Aulaga *por una mano)*: ¡Qué más quisieras tú, niñita! ¡Suéltala, perrazo!
Ánimas: ¡Endiablados! ¡Cochinos! ¡Vaya pobres los de este pueblo!

*(De pronto, el afilador interrumpe su concierto ante la aparición de doña* Gorgo, *que trae puestas las barbas, llevando una jofaina y, colgada del brazo, una toallilla.)*

Gorgo *(desde la puerta)*: ¡Corred! ¡Brincad! ¡Alegraos!
 Es también noche de alborozo.

*(Gestos de asombro y de sorpresa en los* Mendigos.*)*

BIÓN: Volvió a colgarse mis barbas la señora.
UVA: ¡Qué falta de respeto! ¡Qué vejación para tu hermano, Gorgojilla! ¡Salir así delante de los pobres!
AULAGA: ¡Gorgo! ¡Gorgo mía! ¿Qué pasa? Me erizas los cabellos.
ALTEA *(atemorizada, protegiéndose contra* Ánimas*)*: Ánimas, me quiero ir. Acompáñame. Vámonos.
ÁNIMAS: ¡Don Dino! ¡Ay, mi loca señora! ¡Que este suplicio acabe ya! No tiembles, niña mía.

*(Los* Mendigos, *al fin, prorrumpen en berridos y risotadas.)*

MENDIGO 4º: ¡Se volvió chivo doña Gorgo!
MENDIGO 3º *(a cuatro pies fingiéndose cabra)*: ¡Topa, barbudo, topa! ¡Mece! ¡Mece!
MENDIGO 2º *(al* Mendigo 1º*)*: Tú afílale los cuernos. ¡Y pita, pita! ¡Pita largo!

*(El* Mendigo 1º *pega unas pitadas.)*

BIÓN *(arrebatándoselo)*: ¡Más compostura, retiñosos, que aquí Bión es el único pobre de confianza!
GORGO: Reíd. Chillad. Mofaos. Mi alma está preparada. ¿No la veis? No es la de Gorgo ahora. Vuestros gritos y risas la iluminan, bañándola de gozo y delicias sin límites. ¿Qué pensabais? Venid a mí. Pero no, no os acerquéis, no os violentéis en dar un solo paso. Soy yo, y de rodillas, la que va hacia vosotros. *(Arrodillada, va andando ante el temor y silencio de todos.)* ¡Qué son estas humildes piedrecillas para las grietas y arañazos

que reclama mi carne! Zarzales y guijarros puntiagudos son los que ella me pide, estremecida de esperanza. *(Se levanta ante* Altea, *presentándole la jofaina. Mientras le lava las manos.)* Sean tus manos las primeras, sobrina. No soy yo quien va a lavártelas, volviéndolas a su inocencia de jazmines...

Altea: Me cegué, me enloquecí... No sé ya lo que hago, ni a quién veo...

Gorgo: Ahora pueden, así, ya otra vez puras, empuñar con más fuerza la vara contra mí. Aquí tienes mi espalda, mis pobres huesos que lo necesitan. *(Altea vuelve el rostro, cubriéndoselo con las manos.)* Ánimas, tú no pegaste, hija, no clavaste tu odio en el dolor caído de tu dueña...

Ánimas *(retirando las manos)*: Antes morir, señora...

Gorgo *(lavándoselas)*: Te las lavo también. Pueden seguir ahora con más tino su secreto trabajo...

Uva: ¿A mí tú? ¡Nunca, nunca! Es mucha humillación, Gorgo.

Gorgo: No, mi Uvita, al contrario. *(Lavándoselas.)* Es mi gloria, es la de él, la suya... Van a sentirse santas, a florecer quizás en ellas el nuevo pensamiento de acariciarme un poco...

Aulaga *(adelantándose)*: Yo sí, yo sí me dejo... *(Mientras se las lava.)* ¡Oh, qué tranquilidad! ¡Qué dulzura! ¡Qué gozo!

Gorgo: Más todavía para mí, Aulaga...

Bión: Bión también, ama mía, aunque no lo merece. *(Inclinado, respetuosamente, mientras le lavan las manos.)*

> Señora Gorgo bendita,
> en el cielo hay una ermita
> con altar y agua bendita
> reservada para usted.
> Pater noster. Jesús. Amén.

Gorgo: Bión, Bioncillo... El diablejo de esta casa... Se necesitaría un torrente para ti solo...
Los Cuatro Mendigos *(abalanzándose a la palangana)*: ¡Ahora a nosotros, doña Gorgo!
Mendigo 1º: Yo el primero. Las tengo más sucias.
Mendigo 2º *(dándole un empellón)*: ¿Has tenido tú sarna?
Mendigo 3º *(empujando al Mendigo 2º)*: Yo, sí. Y además, soy protegido nuevo.
Mendigo 4º *(abriéndose paso y metiendo las manos en el agua)*: ¡Pero yo el más antiguo!
Gorgo: Todos, todos a un mismo tiempo, como buenos hermanos. *(Mientras se las enjuga y se las seca.)*

> Almas sencillas, desgraciadas,
> sed por el agua
> purificadas.
> Almas hermosas, sufridas,
> sed por el agua
> bendecidas.

*(Deja la jofaina y se quita las barbas.)* Y ahora, hijos, yo limpia y ya pura, resplandecientes todos como la plata, sentaos conmigo a la mesa de la caridad, a este festín que es hoy también de la concordia. *(Colocada Gorgo en el centro de la mesa y cada uno en su sitio, quedan de pie.)* Encomendémonos, antes de empezar, a aquel que nos legó esta santa y familiar costumbre.

> Los manteles de tu casa
> los abra siempre tu amor.
> Bendícelos desde lejos,
> échales tu bendición.

Sobre su blancura abunde,
bordado, tu corazón,
lleno para el que conoces,
igual que para el que no.
El vino de tus viñedos
corra en arroyos de sol.
Den las olivas sus ramos
y el pan moreno su flor.
Tu hacienda, el mejor cordero;
tu huerto, el fruto mejor.
Que lo que corte el cuchillo,
no lo ignore el tenedor.
Que el pobre espere tu mesa
corno el árbol su verdor,
el campesino la lluvia,
tu gloria y descanso yo.
LAS MUJERES:
Amén.
LOS HOMBRES: Amén.
GORGO:
Que así sea
todo por él y por Dios.

*(Se sientan todos. Cuando* Gorgo, *aún de pie, va a destapar la gran fuente que hay en el centro de la mesa, entra, jadeante, por el fondo del jardín,* Un hombre del campo.*)*

HOMBRE *(saliendo de los árboles)*: Señora... Señora... *(como sorprendido de no esperar a tanta gente.)* Doña Gorgo.

*(Se produce un extraño y tirante silencio.)*

GORGO: ¿Qué te sucede? Habla.
HOMBRE *(torpe, entrecortado)*: Buenas noches... Perdón... Creí encontrar sola a la señora...
GORGO *(serena)*: Ya ves que no es así...
HOMBRE *(vacilante)*: Traigo un mensaje para usted...
GORGO: Si es de palabra, dilo.
HOMBRE: El muchacho...
ALTEA *(poniéndose de pie)*: ¡Cástor!
AULAGA *(como un eco)*: Cástor.
GORGO: Sigue.
HOMBRE: ...amaneció colgado de un olivo...

*(Nuevo silencio.)*

ALTEA *(gritando)*: ¡Mientes!
AULAGA *(interrogante)*: Gorgo, hija...
GORGO: ¿Es cierto eso que dices, hombre?
UVA: ¿Lo has visto tú?
ÁNIMAS: Contesta pronto. ¡Vamos!
HOMBRE: Señoras... Me manda el mayoral... Vengo a caballo todo el día... Muchas leguas... El niño... Vete y díselo al ama... Ahorcado... con la cuerda del pozo...
GORGO *(con fatalismo)*: Así tenía que pasar. Él mismo lo había escrito.
ALTEA *(decidida)*: Ánimas. Quiero verlo. Me voy.
ÁNIMAS: Será conmigo, niña.
AULAGA *(desfallecida, intentando andar)*: Yo... yo... Las dos solas...
UVA: No puedes, hija. Siéntate.
GORGO *(delante de* Altea*)*: Ni tú, sobrina. Sería inútil, porque no sabes dónde está. Y en el caballo de ese hombre iré yo, sólo yo. Llévatelo y prepáralo. ¿Tienes más que decir?
HOMBRE *(confuso)*: Señora... *(Se va. Pausa.)*

Altea: Tú lo has matado. *(A Aulaga.)* Y tú. *(A Uva.)* Y tú también.

Uva: Quise ayudarte, Altea. Bión y Ánimas lo saben. Aulaga y Gorgo lo saben. Pero no pudo ser. Me salió mal.

Altea: Sois unas asesinas. *(A los pobres.)* Que estos pobres lo sepan. Mirad aquí a las tres. Podéis gritarlo por el pueblo, aullarlo desde las azoteas, pregonarlo por los caminos. *(Bión y los Cuatro Mendigos, unos de pie y otros sentados, están inmóviles, como de piedra.)* ¿Qué hacéis? Andad. Andad. ¡Muerto! Colgado de un olivo por vuestras propias manos. Mostradlas. Que éstos las vean bien. Son las mismas que sirven para dejar caer una limosna y estrangular una garganta.

Gorgo: Acúsame a mí sola. Sigue, sigue.

Altea: ¡Calla! ¡Callaos, viejas funestas, viejas turbias, heladas, torturadoras, arrancadoras de la luz de mis ojos, de la alegría de mis años!

Gorgo: Fustiga. Espolea. Desgarra. Dime más, pero a mí, sólo a mí, que yo te diré luego...

Altea: ¡Luego! ¡Que ninguna se atreva! ¡Que nadie hable sin que las manos se le caigan! Y menos tú. Me dais espanto. Toda mi vida ha sido un cuarto oscuro, como una triste carbonera vacía. Y ahora va a serlo más. Dejadme ya. No veo. Quiero mejor la compañía de los lobos, la soledad nocturna de las hienas, que estar contigo, con vosotras, hembras viejas resecas, negros horrores disfrazados de almas austeras y piadosas. Vais a dormir tranquilas, mis tres perros custodios. Ya Cástor no es de nadie... ¿No preferíais tú eso, Aulaga? *(Aulaga la mira con un mudo extravío, mientras Altea inicia la salida.)* Todo entre estas paredes fueron para mí clavos, hasta las hojas de los árboles, menos tú, Ánimas querida, único hombro compasivo para mi triste corazón desvelado...

ÁNIMAS: Voy contigo, entrañitas, a mullirte almohadas de flores, para que el sueño por primera vez te sea blando.
ALTEA: No... Más tarde... Mañana... Quiero llorar sin nadie el resto de la noche... No me acompañes, te lo pido...
ÁNIMAS: Te daré gusto, amor... Vete a dormir, vete a llorar a solas, que yo subiré luego con el alma a cuidar que la luz no te robe el descanso.
ALTEA *(iluminada por un rayo de arriba y avanzando lenta hacia el fondo del jardín, llevando un farolito encendido)*:
    Querido, querido:
    yo sin ti, ni tú conmigo.
    Cuando ya todas las torres
    me anunciaban tu camino,
    amor querido,
    yo sin ti, ni tú conmigo.
    Cuando en mi pecho ya eras
    amor querido,
    yo sin ti, ni tú conmigo.
    ¿Que esperar para mis ojos,
    para mis labios vacíos,
    amor querido,
    si yo sin ti, ni tú conmigo?
GORGO *(muy dolorida y en voz baja)*: Altea... Altea... Altea...
ÁNIMAS *(iniciando la salida, con sigilo)*: ¿Cómo dejarte ahora, niña? ¿Cómo, no acompañarte ahora, aunque sea desde lejos, si vas muerta?

*(Sigue tras* Altea, *muy despacio.)*

ALTEA *(detenida un instante, bajo la puerta de su balcón)*:
    ¡Lecho de mi corazón,

alcoba de mi delirio,
amor querido,
sin ti, sin mí, ni contigo!
ÁNIMAS: Amor querido...
UVA: Amor...
AULAGA: Cástor... Cástor.

*(Ánimas desaparece.)*

ALTEA *(viéndosela por la última ventana de la torre)*:
Mi sombra será una torre
la tuya será un olivo,
amor querido,
yo contigo y tú conmigo.
GORGO *(vencida, volviéndose lenta hacia la mesa, yendo a sentarse y repitiendo con tono obsesionante)*: Amor querido... Amor querido... Amor querido... Amor...

*(Se oye largo, como cayendo de una altura, un grito horrorizado de Altea.)*

VOZ DE ÁNIMAS *(desgarrada)*: ¡Altea! ¡Altea! ¡Ay, señoras! ¡Corred! ¡Auxilio! ¡Acudid todos!
GORGO *(erguida y trágica)*: ¿Qué hacer ahora, hermano mío? La noche del perdón, la cena del amor y la alegría, la troqué torpemente en noche de locura, en festín del horror y de la muerte.

*(Se hace una oscuridad profunda, en la que sólo se oyen los pasos precipitados de todos que corren por el fondo del jardín retirando cada uno su farolito. A continuación, empieza a oírse a lo lejos una musiquilla pordiosera, melancólica, de aristón (o de fagot, flauta, etc.), riéndose, bajo una luz que de lo alto ilumina solamente la mesa, a los*

Cuatro Mendigos *que la roban, guardándose en los zurrones frutas, tenedores, cuchillos, etc. Tarea rítmica, silenciosa, que acabará con unas risas quedas y burlonas, mientras la luz y la musiquilla se extinguen en el jardín.)*

Gorgo *(apareciendo en el balcón de* Altea *con un cirio encendido y gritando)*: ¡Dios! ¡Dios de Dios! ¡Contempla, mira bien lo que he hecho! ¡Qué odioso crimen con tu hija por salvarte! *(Volviéndose y como si* Altea *estuviese muerta en el interior.)* Ahí estás, almita hermosa, pobre despojo de un amor que la corriente de una misma sangre no pudo hacer posible. Sí, hija, he sido yo quien te ha arrojado de la torre, quien te fue conduciendo día a día a este fin lamentable. ¡Llora, Gorgo, llora; caiga también tu llanto, hermano mío, sobre esta piedra cruel que ya nos dobla y nos aplasta para siempre!

*(Extraviada, como sonámbula, surge* Aulaga *de entre las sombras del jardín.)*

Aulaga: ¿Quién eras tú? ¿Quién te trajo hasta mí? ¿Por qué llegaste a los umbrales de mi soledad y te fuiste metiendo tan en lo hondo de mis huesos?
Gorgo *(a* Aulaga*)*: Alma en pena, sombra errante, perdida. Voy a ti, desdichada, si ya no es tarde para que me comprendas, me maldigas y me consueles.

*(Sin ni haber sido oída por* Aulaga, *se retira del balcón, que queda débilmente iluminado. De entre los árboles, surge también* Uva.*)*

Uva *(hablando, como sin ver a* Aulaga*)*: También yo. También yo... No te engañaste, Altea... Dijiste la verdad y me quemaste con tu dedo al señalarme...

AULAGA *(por su lado, girando, lenta, como un fantasma)*: Yo te bordaba los vestidos... y se enseñé a leer... y a cazar mariposas...
UVA: Yo me mofé de ti, te escarnecí, te insulté con mi risa... Y cuando fui a ayudarte, sólo lo hice por venganza... por celos... por ira contra Gorgo.
AULAGA: Quise que tu niñez fuera el mismo jardín de Altea...
UVA: ...pero sólo tu amor despertaba en mí envidia... Me lastimaba tu hermosura... me enfurecía tu juventud.

*(Llevando el cirio encendido, aparece* Gorgo *por el fondo.)*

GORGO *(iluminando a* Aulaga*)*: ¿Me ves, Aulaga? *(Acercándose a* Uva.*)* ¿Me reconoces, Uva? Soy yo... Soy yo... Compadecedme... Odiadme...
AULAGA *(siguiendo, y siempre como hablando consigo)*: Jugaba con ella juntos buscaban nidos... Recorrían de la mano los tejados...
UVA: Odiémonos las tres... Compadezcámonos las tres... Culpémonos.
GORGO *(yendo hacia la mesa)*: Le prometí, se lo juré en su lecho de muerte... *(Poniendo el cirio en el centro del mantel, mientras* Aulaga *y* Uva *giran, lentas, alrededor de ella.)* Antes, hermano mío, se me desprendan los ojos de los párpados, se me despegue el corazón... ¡Aulaga, Aulaga! Fui yo quien te dio a Cástor... Quien lo puso de niño al filo de tu puerta... ¿Me oyes?
AULAGA *(sin atender)*: Creció... Se hizo muchacho... Galopaban juntos por los Montes...
UVA: ¿Qué vas a decir, Gorgo? Amárrate la lengua...
GORGO: Cástor era hijo suyo... con una pobre jornalera de sus viñas... de por allá... muy lejos...

Uva: Se escapan por tu boca cosas que ni tú misma quisieras mudamente confesarte.
Gorgo: Aulaga, mira, óyeme... Mi hermano era muy bueno... Hasta pasaba por un santo... Pero ya sabéis, hijas, lo que es la vida de estos pueblos... Y tantas mozas en sus tierras... Me reveló su pecado llorando... Era el secreto de un alma moribunda...
Aulaga: ¿Por qué no me lo llevé de esta casa, Dios mío?
Gorgo *(deteniendo a* Aulaga*)*: Era su hijo, ¿entiendes? ¿Comprendéis? Media sangre de Altea corría también por el cuerpo del niño... Tú eras santa, sola, inocente... Vivías cerca de nosotros... ¿A quién mejor que a ti lo iba yo a confiar?
Aulaga *(sigue andando, en desvarío)*: Se enamoró de ella... ¿Cómo yo no lo vi? ¿Cómo él no me dijo nada?
Uva: Aulaga, Aulaga...
Aulaga: ...se enamoró de ella... y ya fue como un muerto...
Gorgo: Condenación... Desgracia... Locura... He luchado, desde la noche aquella de la celosía; he combatido con delirio frenético contra lo inevitable... He mentido... Me he humillado delante de los pobres... Me he dejado golpear por quienes mas quería... hasta por tu hija, hermano, en quien estaba defendiéndote... Y tanto he hecho, tanto llegué a cavar en mí para salvarte tu secreto, que se me han roto las entrañas, exponiéndolo al aire... Y ahora lo saben todos... Y hasta las piedras van a repetirlo... Y también Cástor va a enterarse... porque no se mató... y ese hombre que vino, ese pobre hombre del campo era, sin él saberlo, un mensajero de mi engaño... ¿No oís? Ya se oye un caballo que se acerca... ¡Aulaga! ¡Aulaga!
Uva: Déjala, Gorgo, es ya mejor que no te entienda... Háblame, espántame a mí sola.

AULAGA *(fuera ya de todo, yendo hacia el fondo del jardín)*: Iré a buscarte, niño... a confundir mis huesos con los tuyos, bajo las mismas ramas de tu muerte...

*(Desaparece, comenzando los primeros albores del día.)*

GORGO: Lo maté solo en mí... Lo maté para Aulaga y para Altea, pensando así matar este mal sueño. Llegué a creer que lo que deseaba, que lo que solamente era un pensamiento se había cumplido ya, huyendo de estos muros el aleteo de la deshonra y el escándalo...
UVA: Gorgo... Gorgoja... Gorgona... *(Entra* BIÓN.*)*
GORGO *(tomando las barbas que están tiradas sobre la mesa)*: Mira, hermano, en qué abismo me hundiste... De nada me sirvió tu autoridad, el símbolo de mi varonía... *(Mientras las quema en la llama del cirio.)* La luz que de ti siempre imploraba, sólo sirvió para apagarme, para ennegrecerme y terminar por ser la sombra delirante de tu remordimiento. ¡Abre, Bión, la verja del jardín, y corre por el pueblo golpeando en las puertas! ¡Que vengan las rameras y los borrachos, los ladrones y los mendigos, que vengan todos y oigan a doña Gorgo, la buena, la misericordiosa, pregonando la lepra y la miseria de su alma!
BIÓN *(arrodillándose ante ella e intentando besarle la punta del vestido)*: No, no. Que vengan a adorarla, doña Gorgo, mi pobre Santa de las Cruces, mi doña florecita...
GORGO *(levantándolo y arrastrándolo hacia los árboles con* Uva*)*: ¡Quita, hijo, levanta! ¡Vamos! Que no me vea... Ya está ahí... ¿No escucháis? Que vea antes mi crimen, en el amanecer que Altea y Cástor habían creído el de su dicha.

*(Los tres desaparecen. Tras una breve pausa se ve a* Cástor *saltar por la tapia del fondo.)*

CÁSTOR *(sigiloso, avanzando por el jardín, susurrando apenas las palabras)*: Ánimas... Ánimas. ¿Te has dormido? Soy yo... Cástor... Llegó la hora... *(Sigue andando, viendo un instante, con extrañeza, el cirio encendido, sobre el mantel revuelto.)* ¿Dónde estás? ¿Qué sucede? Se os durmió el corazón... *(Ante la puerta, y viendo al fondo el balcón iluminado tenuemente.)* Te llevaré... a la fuerza... te arrancaré ahora mismo de esta cárcel... *(Entrando y aumentando la voz hasta llegar al grito.)* ¡Altea! ¡Altea! ¡Altea!

Con la reaparición de Gorgo y Uva, *el jardín se va llenando de sombras: tapadas del pueblo que sólo son como un negro rebujo. Bión,* los *Cuatro mendigos* y *otros pobres.)*

GORGO *(avanzando hacia el balcón, sostenida por* Bión y Uva.*)*
¿Qué soy? ¿Qué he sido? ¿Qué fui?
Llorad por él y por mí.
Alma que pena en lo alto.
No tendrás nunca descanso.
Alma que pena en lo alto.
No tendré nunca descanso.
¿Qué soy? ¿Qué he sido? ¿Qué fui?
Rogad por él y por mí.

*(La escena se va iluminando con un extraño resplandor. Se abre el balcón de* Altea, *y sostenido por* Ánimas, *aparece* Cástor, *demudado, con los brazos abiertos, en un gesto de espanto y extravío.)*

Gorgo *(cayendo de rodillas)*: Cástor... Cástor... Sólo aquí Ánimas es digna de mirarte... de contarte tu historia... y recoger tus lágrimas... Yo no... Yo no... Yo no soy más que un monstruo, una pobre furia caída, un adefesio...

*(Se tapa toda con un lienzo negro, mientras que las tapadas y los mendigos sollozan este canto:)*

Todos:
        Alba de muerte, sin luz,
        triste noche de pasión,
        para las almas perdidas
        tienda el cielo su perdón.

*(La luz del amanecer aumenta, cayendo el telón lentamente.)*

FIN

# El hombre deshabitado

*(Auto en un prólogo, un acto y un epílogo)*
1930

*Estrenado en el Teatro de la Zarzuela
de Madrid, en 1931*

Personajes

EL HOMBRE = EL CABALLERO
EL VIGILANTE NOCTURNO
LOS CINCO SENTIDOS:
LA VISTA
EL OÍDO
EL OLFATO
EL GUSTO
EL TACTO
LA MUCHACHA = LA MUJER
LA TENTACIÓN
CRIADO 1
CRIADO 2
DOS BUZOS DEL SUBSUELO
VOCES

# PRÓLOGO

Decoración: *En el centro de la escena, y en primer término, la gran boca cerrada de una alcantarilla. A su derecha, y al borde, clavados en la tierra, tres hierros retorcidas, unidos por un cordel. (El más próximo a la alcantarilla tendrá atado en la punta un trapajo blanquecino.) Sobre un montón de ladrillos, y en medio del triángulo que forman estos tres hierros, un farolillo rojo de luz parpadeante. Al lado izquierdo de la escena, sobre una plancha de acero con ruedas, un gran cono de carbón. Y al derecho, sobre una tabla, una gran pirámide de cal. Ambos montones clavados de palas. Esparcidos por distintos lugares, cinco toneles, polvorientos, y piquetas, martillos, cubos, sacos, pedazos de raíles, etc: En penúltimo término, y haciendo bocacalle, dos vallas: una de latones mohosos y otra de maderas destrozadas. Contra el fondo negro, un poste medio tumbado, de luz eléctrica, del que pende un largo cable roto.*

*Al abrirse el telón, se oye el silencio nocturno, lleno de ruidos lejanos. De pronto, silencio absoluto. Sola, se abre la boca de hierro de la alcantarilla, y, de uno en uno, escupe cuatro o cinco adoquines. A continuación sube un buzo del subsuelo, coge una piqueta, un cubo y se va. Luego, otro que hace lo mismo, y se va también. Vuelve a escupir la boca de la alcantarilla tres o cuatro adoquines. Y, tras el resplandor mortecino de una luz de acetileno, asciende, torpe, inflada hasta la exageración su máscara de buzo,* El hombre deshabitado. *Se sienta junto al pozo, al lado de la luz.*

El hombre deshabitado: ¡Sombras, sombras, sombras por todas partes! Arriba y abajo. Oscuridades llenas de aguas corrompidas, tubos rotos, martillazos, silbidos y humedades eternas. O tinieblas inundadas de carbones, cales, tubos fríos, tablas rotas... *(Se despereza. Al caer sus brazos, sus manos enguantadas tropiezan sordamente contra los adoquines dispersos. Toma uno.)* ¡Ah! En todas partes tú, piedra violenta, duro martirio de los hombres subterráneos. No te quiero. Vete lejos de mí, lejos, adonde mis manos no puedan resquebrajarse contra tus malas aristas. *(Lo arroja a distancia.)* Voy a dormirme. *(Apaga la luz de carburo, vuelve a desperezarse, desinflándose con un largo, opaco pitido y se duerme. El trapajo blanquecino pendiente del hierro contorsionado, se levanta movido por el aire de un ventilador oculto. Por el fondo, tiznada la careta, bajo una capirucha de hule, entra* El vigilante nocturno.*)*

El vigilante nocturno *(enfocando a* El hombre *la luz blanca de una linterna y dándole con el pie)*: Buenas noches. *(*El hombre *ronca. El vigilante vuelve a puntearle con violencia.)* He dicho que buenas noches.

El hombre deshabitado *(Sin moverse)*: ¡Ah!, eres tú. Otra sombra que viene a golpear mi cansancio. Vete. No quiero darte las buenas noches, porque todas son malas. Déjame dormir.

El vigilante nocturno: Esto sales perdiendo: no sabes quién soy.

El hombre deshabitado: Un ave nocturna con un solo ojo luminoso para turbar el sueño de un hombre.

El vigilante nocturno: De un hombre deshabitado, que no quiere ver la luz.

## EL HOMBRE DESHABITADO

EL HOMBRE DESHABITADO: La única que conozco no puede ser más desagradable ni hacer más daño a la vista. Si acaso existe otra, tú lo sabrás. En cuanto a eso de que soy un hombre deshabitado... Explícame... No lo comprendo.

EL VIGILANTE NOCTURNO: Verás. *(Apaga su linterna, amontona los adoquines esparcidos y se sienta.)* Un hombre deshabitado es como un saco vacío, como la funda vacía de una espada, que necesitan llenarse de carbón o de acero para poder siquiera estar de pie.

EL HOMBRE DESHABITADO: ¡Bah! Vienes a decirme que soy un pellejo sin aire.

EL VIGILANTE NOCTURNO: Algo menos: un cuero sucio, despoblado. Ciudades, naciones enteras, se mueren rebosadas de hombres como tú: trajes huecos que no desean nada, movidos tan sólo por un aburrimiento sin rumbo. Mira. *(Prolonga una luz amarilla de su linterna, y enfocándola hacia el ángulo superior derecho de uno de los bastidores del fondo, aparece la esquina de una calle cualquiera.)* ¿Ves? Esa esquina van a doblarla hombres y mujeres sin vida, muertos de pie, que andan a tropezones por todas las calles del Universo. *(Sin pisar, pasan pendientes de un alambre trajes vacíos, fláccidos, de señoras, de caballeros, militares, curas, jovenes, niños, colgados de caretas horribles, pintadas, con ojos y sin ellos. Carrusel triste, silencioso, sin orden.)* Humanidad hastiada, viviendas vacías, repintadas por fuera para disimular el abandono y oscuridad en que viven por dentro. Todo lo que desfila por esta calle del mundo es un páramo, un desierto movido por el frío. Faldas, chaquetas, sombreros, pantalones, máscaras lívidas, pertenecientes a mujeres y hombres deshabitados como tú. Ninguno sabe nada, ninguno desea nada, ninguno ve nada. Tropiezan diariamente los unos contra los otros. Se dan codazos, pisotones, y maldicen a media voz, pero nunca jamás se insultan. Son cobardes y feos, feos, feos hasta el espanto. Aquello afirman que es una mujer. Y que es joven y que además es guapa. Pero yo te digo que es sólo el molde hueco de una careta de albayalde. Aquello otro que parece el ramajo seco de un árbol, aseguran que es un anciano y que es noble y hermoso. Pero no hagas caso: es solamente unas podridas barbas de estopa, que hasta el mismo fuego desprecia. Un muchacho, un adolescente, dicen que es aquello que ahora va a doblar la esquina. Y yo te juro que es sólo una chaqueta, un traje ciego, sin camino. En esta calle helada nadie tiene memoria. Todos la han perdido. Es como un duelo hacia la muerte de maniquíes sonámbulos, olvidados de su alma. *(Apaga la linterna y la calle desaparece.)* ¿Viste? Habla. ¿Por qué no contestas?

El hombre deshabitado: Porque has poblado mi sueño de fantasmas incomprensibles.

El vigilante nocturno: Uno de esos fantasmas es el tuyo.

El hombre deshabitado: Me dices y me enseñas cosas terribles que mi cansancio no intenta descifrar.

El vigilante nocturno: Porque ya te lo dije antes: eres un hombre deshabitado, sin memoria, sin alma, como esos que hace un momento han desfilado por tus ojos.

El hombre deshabitado: Sin memoria... Sin alma... Yo no sé lo que quieres decirme. Yo soy un hombre del subsuelo, una sombra que se ha movido siempre entre tinieblas y aguas corrompidas. Vienes a despertarme con visiones y palabras que para mí no tienen sentido: la luz... la memoria... el alma... el alma... el alma... ¿Qué es eso?

El vigilante nocturno: Algo que tú y esa gente que has visto necesitáis.

El hombre deshabitado: ¿Y cómo es?
El vigilante nocturno: Como tú quieras que sea.
El hombre deshabitado: ¿Y dónde está?
El vigilante nocturno: Allá lejos, en un lugar recóndito de la atmósfera. Míralo. *(Proyecta una luz verde de su linterna y hacia el ángulo superior izquierdo de uno de los bastidores del fondo, aparecen las almas de los hombres: blancos moldes de escayola, de distintos tamaños, mudos y oscilantes, igual que péndulos.)* Éste es el lugar de las almas de los hombres deshabitados. Una de éstas es la tuya. Viven extáticas, aburridas, esperando algunas volver al cuerpo que las despreció, que las olvidó, o que jamás quiso recibirlas. Otras, las más viejas, aguardan ansiosamente la muerte de ese cuerpo que les pertenecía y no pudieron habitar. Son las más tristes. Penan porque saben que en el mundo les corresponde una vivienda, una casa que les cerró sus puertas injustamente, dejándolas al albedrío de las oscuridades yertas de la noche. Míralas bien. ¡Levántate, hombre perezoso, hombre deshabitado, y ten piedad de tu alma! ¡Llámala! ¡Grítale! ¡Suplícale que descienda hasta tu cuerpo! Dale lo que le pertenece, lo que es suyo. ¡Pronto! Y yo te prometo liberarte de ese sótano, de esa funda que cohíbe tu vida, para hacerte el más feliz de los hombres.
El hombre deshabitado *(levantándose torpemente y avanzando unos pasos hacia el lugar de las almas)*: No sé cuál es la mía. Creo que nunca la tuve. Enséñamela tú.
El vigilante nocturno: Tu alma es aquella que se hastía entre las más jóvenes.
El hombre deshabitado: ¿Y cómo la llamo? ¿Cómo la digo que venga a mí? Seguramente no querrá descender hasta un saco tan miserable.

El vigilante nocturno: Basta con que la desees en tu corazón.
El hombre deshabitado: ¿Y seré feliz? ¿No me engañas?
El vigilante nocturno: Y serás feliz, te lo juro.
El hombre deshabitado *(como dormido)*: Te deseo... te deseo... Baja... ven... ven... ven.
El vigilante nocturno *(Apaga la linterna y el lugar de las almas desaparece. Con unas grandes tijeras abre el traje del buzo y sale de él, vestido de frac, un* Caballero: *joven, máscara pálida y bigotillo negro)*: Buenas noches. ¿Quién es usted?
El caballero: Pues... no lo sé.
El vigilante nocturno: ¿Cómo se llama?
El caballero: Pues... tampoco lo sé.
El vigilante nocturno: ¿Qué hace aquí a estas horas, en una noche tan fría?
El caballero: Lo ignoro.
El vigilante nocturno: ¿Qué desea usted?
El caballero: Nada.
El vigilante nocturno: ¿Qué ve usted?
El caballero: Nada.
El vigilante nocturno: ¿Oye usted algo?
El caballero: No oigo nada.
El vigilante nocturno *(tomándole una mano bruscamente y dejándosela)*: ¿Siente usted algo?
El caballero: No siento nada.
El vigilante nocturno: Ni ve, ni oye, ni entiende. *(Al público.)* Claro, señoras y señores, está muy claro. Este caballero es un alma encerrada dentro de un cuerpo en el que no se han despertado todavía los cinco sentidos: ver, oír, oler, gustar y tocar. *(Al ir pronunciando estas cinco palabras, manda un rayo de luz de su linterna a cada uno de los cinco toneles dispersos por el escenario, y los cinco sentidos asoman las cabezas. La*

vista *es un monstruo todo lleno de ojos;* El oído, *todo lleno de orejas;* El olfato, *de narices;* El gusto, *de bocas,* y El tacto, *de manos.)* Y yo voy a despertárselos. Con ellos le abro a su alma cinco grandes balcones para que pueda asomarse al mundo. Abramos el primero. Usted, caballero, naturalmente, nunca ha visto una estrella. Todavía está usted como un recién nacido que no ha abierto los ojos. Pues yo, ahora mismo, voy a concederle el sentido de la vista por medio de una estrella. Mírela. *(Enfoca la linterna contra el telón del fondo y en lo alto se enciende una.)*

El caballero: ¡Oh!

El vigilante nocturno: Es hermosa, la más grande del cielo. Se ha iluminado para usted solo. Contémplela. Mírela y apréndasela de memoria, existen otras, menores. *(Se van encendiendo.)* Ya agrupadas en formas caprichosas, o solas, vagabundas, errantes por el firmamento. Amigo mío, está usted en presencia de las esferas celestes. Sus ojos se han abierto a los astros.

El caballero: ¡Oh! ¡Oh! ¡Oh!

El vigilante nocturno: Pero lo que usted pisa, caballero, es la tierra. Esto. *(Le enseña los terrenos removidos.)* No lo olvide.

El caballero: No sé lo que es esto.

El vigilante nocturno: Pronto lo sabrá por usted mismo. Pero antes necesita poseer otras cosas. Abrámosle su alma al segundo balcón. *(Finge un remolino de luz con la linterna y se oyen unos zumbidos que van aumentando poco a poco.)*

El caballero: ¡Oh! ¿Qué oigo?

El vigilante nocturno: La tormenta de los cielos, que se aproxima. Pronto se borrarán las estrellas, y los vientos nocturnos traerán la lluvia y los relámpagos. *(Aumentan los zumbidos llenos de resplandores, y las estrellas se apagan. Todo queda a oscuras por unos instantes.)* Escuche las melodías de la atmósfera y alégrese en su corazón porque sus oídos se han abierto a las músicas celestiales. Dos vientos enemigos se pelean. Oiga cómo se hieren. De un momento a otro, uno de los dos será vencido, y su cuerpo, electrocutado por los rayos, será precipitado en la nada. Dejará de llover, y en el cielo se extenderá, de norte a sur, el arco de la victoria. *(Cesan los ruidos, y con las estrellas se enciende el arco iris.)*

EL CABALLERO: ¡Oh! ¿Qué es eso?

EL VIGILANTE NOCTURNO: El arco iris, que, como señal de paz, aparece siempre después de las batallas.

EL CABALLERO: Lo que veo y oigo me llenan de algo indefinible.

EL VIGILANTE NOCTURNO: Es que su alma está despertando a la vida. Pero aún desconoce el perfume del mundo. El tercer balcón da a los jardines terrenales. Abrámosle. *(Enfoca la linterna hacia lo alto y cae una gran rosa blanca.)*

EL CABALLERO: ¿Qué es eso que ha caído de las estrellas?

EL VIGILANTE NOCTURNO: Aspírelo.

EL CABALLERO *(aspirando profundamente)*: ¡Oh!

EL VIGILANTE NOCTURNO: Es una flor. Se llama rosa.

EL CABALLERO *(tomándola y aspirándola ansioso)*: ¡Oh! ¡Oh! ¡Oh! ¡Una rosa, una rosa!

EL VIGILANTE NOCTURNO: Una rosa blanca.

EL CABALLERO: ¡Una rosa blanca, una rosa blanca! La quiero. Démela. *(Subrayando las palabras como un niño.)*: Yo quie-ro una ro-sa blan-ca.

EL VIGILANTE NOCTURNO: Para usted, es suya. *(Se la prende en el ojal.)*

EL CABALLERO *(aspirándola otra vez)*: Su perfume me hace desear cosas que desconozco. ¿Qué es lo que yo deseo?

Dígamelo. *(Respira trabajosamente.)* ¿Por qué la pechera de mi camisa sube y baja de este modo? ¿De qué se está llenando mi cuerpo? Explíquemelo. Dígamelo, por favor.

EL VIGILANTE NOCTURNO: Más adelante, cuando le abramos a su alma los dos balcones que aún le faltan para poder dominar la tierra, usted lo comprenderá todo sin que yo se lo explique. Todavía, caballero, no tiene usted boca: carece de lo más importante para andar por el mundo. Usted ya ha visto los astros, ha escuchado la música del Universo, ha aspirado el olor de las, flores, pero ¿y su paladar? Ignora usted a lo que saben las cosas, y yo voy a enseñárselo en seguida por medio de una fruta. *(Enfoca la linterna hacia lo alto y cae una gran naranja.)* Esto es una fruta: se llama naranja.

EL CABALLERO: ¡Oh, no lo sabía!

EL VIGILANTE NOCTURNO: Una fruta exquisita que va usted a probar ahora mismo.

EL CABALLERO: ¡Oh!

EL VIGILANTE NOCTURNO *(La monda y le da un gajo)*: Tome. Abra la boca y mastique, mastique suavemente. Así, así. Le gusta, tiene que gustarle. Es dulce y está llena de agua. Sirve para quitar la sed en el desierto, para aliviar la fatiga de los calores y despertar en la sangre la pasión por el infinito.

EL CABALLERO: Siento que se me atirantan los labios y que un temblor inexplicable me sacude la lengua. Quiero más, más. La quiero toda, toda. Démela. Hay algo que me achicharra la garganta, algo que...

EL VIGILANTE NOCTURNO: Déjela. *(La tira sobre el carbón.)* Muy pronto, así que su alma sepa lo que son los contactos y se estremezca al roce del aire o bajo la presión caliente de unos dedos, no sólo para aliviar su sed deseará una naranja, sino otras frutas mejores, algunas difíciles, muy difíciles de conseguir en un solo día, que irán saliéndole al encuentro por todas las calles y lugares del mundo.

EL CABALLERO: Otras frutas mejores... difíciles..., muy difíciles...

EL VIGILANTE NOCTURNO: Lo comprenderá usted en seguida, no se impaciente. Ya dentro de su cuerpo, su alma se desvive, saltando, por saberlo todo. Y antes de que el amanecer borre esas estrellas, yo le juro que será sabia y dispondrá de esos cinco balcones que le prometí al principio para poder dominar el Universo. Ya sólo le falta el último, el que se abre a las caricias infinitas: el tacto. *(Enciende la linterna, la enfoca hacia abajo y con el pie golpea la tierra por tres veces. Se abre un escotillón y asciende una figura enrollada como las momias en una cinta blanca.)*

EL CABALLERO: ¡Oh! ¿Qué es eso que sube de las profundidades de la tierra?

EL VIGILANTE NOCTURNO: Un misterio enfundado en una cinta blanca.

EL CABALLERO: Un misterio... ¿Y qué es un misterio?

EL VIGILANTE NOCTURNO: Déme la mano. Tome. Vaya desenrollando esta cinta. *(Le da un cabo, y El caballero va girando alrededor de la figura, hasta dejar al descubierto una muchacha dormida, con maillot blanco y cabellos rubios, sueltos, sobre la espalda. El caballero hace un gesto mudo de asombro.)* Tóquela. Déle la mano. Acaríciele los cabellos.

EL CABALLERO: ¡Oh! ¿Qué nueva maravilla se ha levantado ante mis ojos?

EL VIGILANTE NOCTURNO: Tóquela sin temor. Es una muchacha dormida. *(Al tocarla,* Los cinco sentidos, *encendiendo cada uno una linterna roja, abandonan sus toneles y corren a rodear a* El caballero *y* La muchacha.*)*

Los cinco sentidos *(simultáneamente)*: ¡Es una muchacha dormida, es una muchacha dormida! *(El caballero la sigue acariciando.)*

La vista: Es muy bella, la más bella del mundo. Mucho más bella que los astros.

El olfato: Huele mejor que las rosas.

El gusto: Sabe mejor que las naranjas.

El tacto: Tiene la piel de las flores.

El oído: ¡Chisss! Silencio. Su corazón late profundo, hundido en el sueño. No la despertéis.

La vista: Pues yo quisiera saber el color de sus ojos.

El gusto: Y yo, decirle a lo que saben sus labios.

El olfato: Yo ya sé que toda ella huele mucho mejor que las naranjas.

El tacto: Vamos a despertarla.

La vista: Queremos que nos mire.

El oído: Silencio. Ya despertará sola.

La vista *(a El tacto)*: No, despiértala tú.

El tacto: No me atrevo, temo que se asuste.

El olfato: Aquí estoy yo para aliviarla con el olor de una rosa.

El oído *(a El tacto)*: Despiértala, despiértala, que quiero oír su voz.

El caballero: ¡Dejadla! Desearía recordar antes qué es esto que duerme entre mis brazos.

El vigilante nocturno: Ya se lo dije: una muchacha.

El caballero: ¿Y para qué duerme?

El vigilante nocturno: Para que usted la despierte.

El caballero: ¿Cómo?

El vigilante nocturno: Besándola en la boca. Nada más.

El caballero *(besándola tres veces)*: ¡Oh! ¡Oh! ¡Oh!

La muchacha *(despertando)*: ¿Dónde estoy? ¿Quién es usted?

El vigilante nocturno: Estás en el mundo. Y este caballero es tu amigo, tu acompañante por la tierra. Señor, esta criatura perfecta, venida de las profundidades de la nada, es su esposa. Puede darle el brazo y marcharse con ella.

El caballero: ¿Cómo? ¿Qué dice usted?

El vigilante nocturno: Que se vaya con ella a disfrutar de todo. Yo le prometí dar la felicidad, y aquí la tiene. Un cuerpo y un alma puros como los suyos, necesitaban otros semejantes. Mírelos. Aquí están. Yo se los entrego, se los confío. Usted, al final de su vida, me responderá de ellos. Ya lo sabe. Guárdelos cuidadosamente, como cosas muy delicadas. Se los doy vírgenes: Le regalo el cuerpo y el alma de una doncella creada por mí a su imagen y semejanza. Conviértala en mujer, caballero, en su mujer, en su esposa. Dele su sangre, su vida, todo. Y vivan ustedes felices y tranquilos hasta que yo los necesite. *(Saca una gran cartera.)* Esta cartera, amigo mío, contiene el dinero suficiente para su bienestar aquí abajo. Si necesita más, arriésguelo en negocios, con la seguridad de que yo siempre le ayudaré desde lejos. Una advertencia de mucha importancia he de hacerle a usted solo, caballero, antes de que nos despidamos. Estos cinco compañeros inseparables que van a seguirle por todos los lugares de la Tierra, pueden, si su alma no sabe conducirlos, jugarle una mala partida. La traición, el robo y hasta el asesinato se esconden debajo de esas apariencias monstruosas. Le aconsejo mucha vigilancia para que no se le desmanden. Su salvación y perdición están en ellos. No lo olvide. Y ahora, miren ustedes hacia el fondo: doblando, tanto a la derecha como a la izquierda, se encontrarán con las calles del mundo. Yo se las ofrezco, se las regalo. A unos doscientos pasos de estos terrenos removidos que han presenciado su despertar a la vida, les aguardan. Vayan a ellas. Entren en ellas, en este mismo instante

en que comienzan a salir de las sombras. *(Una luz amarillenta va iluminando la escena.)*
EL CABALLERO y LA MUCHACHA *(cayendo de rodillas con* Los cinco sentidos*)*: ¡Señor!
EL CABALLERO: ¿A quién debemos tantísimos favores?
LA MUCHACHA: ¿Quién es usted, Señor? Díganos su nombre.
EL CABALLERO: Le debemos la vida, necesitamos saberlo. ¿Cómo se llama?
LA MUCHACHA *(besándole las manos)*: Señor, dígalo. Quiero llevarlo siempre escrito en mi corazón.
EL CABALLERO *(lo mismo)*: Y yo en mi sangre.
LA MUCHACHA: Díganos su nombre, Señor. Sea bueno.
EL CABALLERO: Ya ve usted, Señor, se lo pedimos llorando y de rodillas.
LA MUCHACHA: Díganoslo, por favor.
EL VIGILANTE NOCTURNO: Bien. Yo soy... Más adelante lo sabrán. Váyanse.
EL CABALLERO *(levantándose con la muchacha)*: Lo que usted mande, Señor. *(Ambos, cogidos del brazo, avanzan hacia el fondo, cortejados por* Los cinco sentidos. *La luz del amanecer aumenta. Se abre el escotillón, y* El vigilante nocturno *comienza a hundirse lentamente. Cuando ya casi van a desaparecerle los hombros,* El caballero *vuelve la cabeza, y levantando el brazo le indica la claridad que va iluminando la escena.)* ¿Y esto, Señor, qué es esto?
EL VIGILANTE NOCTURNO *(desapareciendo)*: Eso, caballero, es la luz.

## TELÓN

# ACTO

Decoración: *La escena, partida en tres partes desiguales. La de la derecha, mayor en extensión que la de la izquierda y centro, corresponde a un jardín. Es la primavera. Cuatro árboles en los extremos y uno en medio, al pie de un estanque bajo, redondo, sobre un plano inclinado hacia los espectadores. Al fondo, muro blanco de casa. Puerta en el centro, ventana grande, baja, a la derecha, y otra alta a la izquierda. La parte central de la escena, que es la más pequeña, comunicada con la anterior por medio de un arco, corresponde a una tapia baja de ladrillos rojos. Sobre ella, franja ancha de mar y cielo alto. Ante ella, un montón de azufre y tejas rotas. Puerta lateral izquierda a la playa. La parte izquierda de la escena corresponde a un granero oscuro. Haces de trigo por el suelo. Toneles altos y bajos, llenos de enormes escobas y varas de bambú. Un carrillo volcado. Y grandes telarañas pintadas por las paredes. Comunica con la parte central por una puertecilla.*

Al descorrerse el telón, El hombre, *soñoliento, con un libro medio cerrado en la mano, se halla sentado en un banco de madera, situado al pie del árbol izquierdo del término segundo.* La mujer, *distraída, al borde del estanque, mirando al agua.* Los cinco sentidos, *aletargados, también están en el jardín.* La vista, *detrás de* El hombre, *apoyado en el tronco del árbol inmediato al banco.* El oído, *sobre una escalerilla alta, al nivel de las hojas del árbol situado en primer término izquierda. En su copa habrá posado un gran pájaro de latón.* El olfato *se encuentra sentado en la tierra, bajo el árbol, cubierto de grandes flores, también del primer término derecha.* El gusto, *en lo alto de otra escalerilla, más baja que la de* El oído, *bajo el árbol cargado de grandes frutos, del segundo término derecha. Y* El tacto, *de pie, al borde del estanque, contra el tronco del centro.*

**Es mediodía. Calor.** *Se oye el chirrido metálico y artificial de una chicharra. De pronto, silencio.* El hombre *se despierta, desperezándose.* La vista *se despierta también. Canta el pájaro.* El hombre *escucha.* El oído, *despierta, atiende, balanceando los pies en la escalera.* El hombre *vuelve a desperezarse, aspirando con fuerza el aire, del jardín.* El olfato, *simultáneamente, hace lo mismo.*


El hombre *(después de haber mirado largamente a* La mujer*)*: ¿Qué haces ahí tanto tiempo en esa misma postura?
La mujer *(fingiendo distracción)*: ¿Y si yo te dijera que vinieses a verlo?
El hombre *(acercándose y sentándose junto a ella, precediendo a* La vista, *que seguirá todos sus movimientos)*: Más de prisa que tu mismo deseo... Aquí estoy. *(Se sienta.)* ¿Qué veías?
La mujer: Veía... la primavera en el fondo del agua... ¿Pero es que tú no ves lo que yo veo allá abajo? Mira, mira...
El hombre: ¡Oh!
La vista *(de pie, tras* El hombre, *como sonámbulo)*: Hay ciudades que yo no he visto nunca. Ésta es una de ellas. Sus murallas dentadas y derruidas, sus jardines perdidos, sus habitantes andrajosos y tristes, me hacen pensar en alguna ciudad antigua, hoy venida a menos. Sería dichoso yo con pasearme por sus calles ruinosas,

ver de cerca la pena carcomida de sus gentes y levantar piedra a piedra, en mi imaginación, su pasado prestigio.

La mujer: ¡Oh! Ha desaparecido. Nunca estuvimos en ella.

El hombre: Sí, era una ciudad desconocida. Una ciudad antigua que saldremos a buscar este verano. Quiero que conozcas todos los rincones del mundo.

La mujer: ¿Y crees tú que la encontraremos?

El hombre: Seguro.

La mujer: ¿Y cómo, si no sabemos su nombre ni su situación en medio de la tierra?

El hombre: Para nosotros no hay nada imposible. No te apures. Es la pureza de nuestras almas la que nos hace hallar fácilmente lo desconocido. ¿Estás contenta?

La mujer: Sí.

El hombre: ¿Muy contenta en este jardín tan apartado del pueblo y de la gente?

La mujer: ¡Oh, sí, muy contenta!

El hombre: ¿Nunca has estado triste junto a mí?

La mujer: ¿Qué es eso? Triste... Es la primera vez que escucho esa palabra.

El hombre: Y yo la primera vez que la digo... Ni sé qué significa.

La mujer: ¿Algo malo?

El hombre: Algo que ni tú ni yo conocemos. *(Se quedan pensativos.)*

La mujer: ¿Te acuerdas de nuestros viajes? Mira otra vez hacia el fondo del agua. ¿Qué ves ahora allá abajo, sobre el limo?

El hombre: Un desierto blanco.

La vista: La nieve, es el país de la nieve.

La mujer: En aquel trineo tirado por seis renos resbalamos nosotros. Mírate, aquél eres tú.

EL HOMBRE *(tocándole las mejillas a* La mujer*)*: ¡Oh! Se nos han helado las caras.

EL TACTO: Estoy muerto de frío... Nieva.

EL HOMBRE: La noche nos sorprendió en un bosque de abetos, y encendimos una hoguera para espantar a los lobos.

EL OLFATO: Huelo a pino quemado, a nieve derretida en bufandas de lana...

LA MUJER: El viento y los lobos me quitaron el sueño. ¿Recuerdas?

EL HOMBRE: Yo velé hasta el alba junto a la hoguera y mi fusil. Tú dormiste tranquila. *(Pausa.)*

LA MUJER: ¡Oh!

EL HOMBRE: ¿Qué?

LA MUJER: Ahora vamos en automóvil. ¿Qué ha sido de la nieve? Los árboles se han convertido en postes de la luz eléctrica.

EL HOMBRE: ¿La conoces? ¿Reconoces esta ciudad? Una de las mayores del mundo.

LA MUJER: ¡Oh, sí! La reconozco. En ella hay muchos bares, muchos. Todo ella es como un inmenso bar.

EL GUSTO: Tengo sed y calor... La boca me sabe a plomo derretido.

EL OÍDO: Me silban, me sangran los oídos... No oigo lo que me dicen.

LA VISTA: Es la ciudad de hierro y los arcos voltaicos. Sus torres quisieran irrumpir en la gloria y derribar a los ángeles. Veo hombres que pasan con un fajo de oro en una mano y en la otra el revólver del crimen. He aquí la ciudad cuya sangre se precipita hacia la muerte, sin volver la cabeza, entre el humo de los trenes y las fábricas.

EL HOMBRE: Subimos, bajamos por sus avenidas inmensas. Te cansaste... Entramos en un bar.

EL TACTO: Me alivian los dedos, enfriándomelos, una copa de vidrio y una cucharilla de plata.
EL GUSTO: Se me escarcha la fiebre de la lengua.
LA MUJER: ¡Qué fino, qué exquisito aquel helado!
EL HOMBRE: Luego, inmediatamente, subimos al hotel. Y allí...
LA MUJER *(pasándole un brazo por el hombro)*: Y allí... *(Se miran largamente como recordando.)*
LA VISTA: Luz... Luz entornada...
EL TACTO: Piel, sábanas frescas...
EL GUSTO: Sabor a nieve todavía... A fruta...
EL OLFATO: Acacias... Nardos... Mar...
EL OÍDO: Silencio... Zumbido de ascensores lejanos... Silencio absoluto. Sueño. *(Pausa.)*
LA MUJER *(mirando otra vez al agua)*: ¡Oh!
EL HOMBRE *(mirando también)*: Ahora sólo te veo entre los líquenes del fondo, abrazada a mí.
LA MUJER: Me has besado en todos los lugares del mundo pero nunca dentro del agua de este estanque.
EL HOMBRE: ¿Quieres? ¿No temes que nos lo interrumpa algún pez colorido?
LA MUJER: No, bésame. *(El hombre la besa. Los cinco sentidos, simultáneamente, suspiran profundo. Se levanta.)* Estoy contenta. Quiero jugar a algo. ¡Anda! *(Corre unos pasos.)* ¡Alcánzame!
LOS CINCO SENTIDOS: ¡Ja, ja, ja, ja, ja, ja, ja! *(Al levantarse El hombre, El olfato se levanta también.)*
EL HOMBRE *(alcanzando a La mujer)*: Ya te alcancé.
LA MUJER: Me he dejado alcanzar.
EL HOMBRE: Sí, para que yo... *(La besa.)*
LA MUJER: ¡Mentira!
EL HOMBRE: ¡Verdad!
LA MUJER: No.
EL HOMBRE: Sí.
LA MUJER: ¿Eres un tonto?

El hombre: ¿Y tú una tonta?
La mujer: No.
El hombre: Sí.
La mujer *(sacándole la lengua)*: ¡Tonto!
El hombre *(lo mismo)*: ¡Tonta!
La mujer *(corriendo y desapareciendo por la puerta de la casa)*: Pues anda, alcánzame otra vez.
El hombre *(tras La mujer)*: Lo verás. *(Entra también en la casa.)*
Los cinco sentidos: ¡Ji, ji, ji, ji, ji, ji, ji!
El tacto: El alma del hombre está contenta.
La vista: Su alma es la más feliz del Universo.
El olfato: El hombre ha dejado sus cinco sentidos en el jardín.
El oído: Celebremos nosotros la alegría del hombre.
El gusto: ¡Juguemos! *(El gusto y El oído descienden de sus escalerillas. La vista vuelve al pie del árbol. Juego de Los cinco sentidos.)*
La vista *(avanzando un paso)*: Yo soy ver. Todo lo veo. *(Retrocede.)*
El gusto *(lo mismo)*: Yo, gustar. Todo lo gusto. *(Retrocede.)*
El olfato *(lo mismo)*: Yo, oler. Yo todo lo huelo. *(Retrocede.)*
El oído *(lo mismo)*: Y yo, oír. Todo lo escucho. *(Retrocede.)*
El tacto:
>Pues yo de vosotros rodeado,
>todo lo toco: soy el tacto.
>Toco el agua y saldrá un pez.

La vista: Si es plateado...
El gusto: ¡Sabrá salado!
La vista: Si es colorado...
El gusto: ¡Sabrá a miel! *(El tacto saca un gran pez rojo.)*
El tacto *(a El oído)*: Toma, vivo te doy el pez. *(Se lo da.)*
El oído: ¿Para qué?

EL TACTO: Para que escuches en él. *(Vuelve a su sitio.)*
EL OÍDO:
    Escucho en sus ojos y oigo en sus escamas
    el barco, la vela, la brisa y el agua. *(A El olfato.)*
    Toma, vivo te doy el pez. *(Se lo da.)*
EL OLFATO: ¿Para qué?
EL OÍDO: Para que huelas en él. *(Vuelve a su sitio.)*
EL OLFATO:
    Yo huelo en sus alas y huelo en su cola
    la estrella marina, las algas, las rosas. *(A La vista.)*
    Toma, vivo te doy el pez. *(Se lo da.)*
LA VISTA: ¿Para qué?
EL OLFATO: Para que veas en él. *(Vuelve a su sitio.)*
LA VISTA: Veo en sus agallas y veo en sus ojos
las velas partidas y los barcos rotos. *(A El gusto.)*
Toma, vivo te doy el pez. *(Se lo da.)*
EL GUSTO: ¿Para qué?
LA VISTA: Para que gustes de él. *(Vuelve a su sitio.)*
EL GUSTO:
    Yo gusto en las púas finas de sus dientes,
    ni miel ni salitre, sino sangre y muerte.
    *(Lo aprieta, ahogándolo.) (A El tacto.)*
    Muerto te devuelvo el pez. *(Se lo da.)*
EL TACTO: ¿Para qué?
EL GUSTO: Para que des en el agua con él. *(Vuelve a su sitio. El tacto arroja el pez al agua.)*
EL TACTO: Todo lo toco. Yo soy tocar.
LA VISTA: Todo lo veo. Yo soy ver.
EL OÍDO: Todo lo oigo. Yo soy oír.
EL GUSTO: Todo lo gusto. Yo soy gustar.
EL OLFATO: Todo lo huelo. Yo soy oler.
LA VISTA: Ver.
EL OÍDO: Oír.
EL OLFATO: Oler.

El gusto: Gustar.
El tacto:
    Y tocar. ¡Yo soy tocar!
    ¡Nunca me podréis alcanzar!

*(Todos corren tras él, alrededor del estanque.)*

Voz de mujer *(en la playa)*: ¡Socorroooooo! *(Tumulto y golpes tras la puerta de la tapia, en la parte central de la escena. Los cinco sentidos interrumpen el juego y escuchan asustados.)*
Voces distintas: ¡Aquí, aquí! ¡Ésta es la casa! ¡Auxilioooo!
Voz de mujer: ¡Malos hombres! ¡Cobardes!
Otras voces: ¡Abrid! ¡Abran pronto la puerta! ¡Abrid, abrid!
Voz de mujer: ¡Socorroooooo! *(Mientras sigue el tumulto, salen de la casa* El hombre *y los* Criados 1 *y* 2. *Los cinco sentidos vuelven a sus árboles.)*
El hombre: ¿Qué sucede? ¿Qué pasa? Seguidme.
Criado 1: Habrán herido a alguien.
Criado 2: Lo habrán asesinado.
El hombre *(intentando abrir la puerta.)*: ¡Horrible! Está duro el cerrojo.
Voz de mujer: ¡Por favor! *(Siguen los golpes y el tumulto.)*
Criado 1: Permítame, señor, yo lo abriré.
El hombre: ¡Pronto! De prisa. Algo horrible sucede. *(Queda abierta la puerta, y aparece en su marco, sola, descalza, desgreñada y medio desnuda, una muchacha:* La tentación. *Es muy bella.)*
El hombre y Los criados 1 y 2: ¡Oh!
La tentación *(débilmente)*: Agua... Tengo sed...
El hombre: Pero... ¿tú sola? ¿Quiénes alborotaban?
La tentación *(apoyándose contra el quicio)*: Nadie... No sé... Vengo muerta.

Criado 2 *(asomándose a la playa)*: ¿Nadie?

El hombre: ¿Y los que te seguían, los que te gritaban o apedreaban? ¿Dónde están?

La tentación: Agua... Dame agua...

El hombre: Entra. *(La tentación da un paso y medio se desvanece. El hombre y los Criados la levantan. La tentación vuelve en sí. Sostenida por los tres, la hacen andar lentamente.)* Al jardín... al estanque... al estanque...

La tentación: Calor... Muerta... Agua... Calor...

Criado 1: Cuidado.

Criado 2: No tropiece...

El hombre: Aquí. *(Sientan a La tentación al borde del estanque. El hombre la sostiene pasándole un brazo por la cintura. Mientras, con la otra mano, moja su pañuelo en el agua y te refresca la frente. Los criados 1 y 2 permanecen de pie, a distancia. La tentación, de pronto, quita el pañuelo a El hombre, lo desgarra con los dientes y lo arroja al agua. Mira después a El hombre con fijeza. Luego, a Los criados. Y otra vez a El hombre.)*

La tentación: Dile a ésos que se vayan.

El hombre *(extrañado)*: Retírense.

Criados 1 y 2: Señor... *(Inclinan la cabeza y desaparecen por la puerta de la casa.)*

El hombre: Se han ido.

La tentación *(después de mirarle largamente)*: No tenía sed, era mentira.

El hombre *(asombrado, pero contenido)*: ¿Quién eres? Nunca te he visto.

La tentación *(seca)*: Era mentira. Quería entrar en tu casa. Verte. Hablar contigo. Saber cómo eras... Y aquí estoy ante ti. No pienso irme.

El hombre *(después de mirarla impasible, levantándose bruscamente)*: Ni te conozco ni me importa. ¡Fuera! ¡Pronto! ¡Fuera de este jardín!

LA TENTACIÓN *(colérica)*: No me voy. He llamado a tu casa para pasar la noche, o quizá toda la vida. Ya lo sabes: para pasar la noche o la vida entera. Y tendrás que matarme, que arrastrarme después de muerta hasta la playa. Y aun así no te verás libre de mi persona, de este cuerpo macizo que tú aún no conoces: el mar y el viento volverán a arrojarme contra los muros de tu alcoba, contra la misma cabecera de tu cama. Si me echas, te quedarás sin sueño, te lo juro. Muerta, continuaré presente en todos tus instantes.

EL HOMBRE *(sentándose desconcertado)*: ¿Qué dices? *(Más suave.)* Háblame claro... Es que no te comprendo.

LA TENTACIÓN *(más suave y suplicante)*: Yo sabía que existías y he venido a verte. Sé bueno. Déjame pasar a tu lado unas horas tan sólo.

EL HOMBRE *(dudoso)*: No, no puedo... Quisiera... Te explicaría... No... Ni sé quién eres.

LA TENTACIÓN: ...Aunque sea en el granero, entre los sacos de trigo y las arañas. Déjame dormir. *(Casi llorando.)* Vengo descalza. He andado mucho. Las piedras y la arena me han mordido los pies. Míralos. Están sangrando.

EL HOMBRE *(más tierno)*: Es verdad... Estás sangrando... Vienes cansada. Y a verme... Pero yo... Ni sé quién eres... Ni por qué me has mentido... No sé nada...

LA TENTACIÓN: ...A verte... a verte... Sólo a ti...

LA VISTA *(a El hombre, y a media voz)*: No dudes, déjala pasar la noche en tu casa. Fíjate bien en ella. Más fuerte, más hermosa que tu mujer.

LA TENTACIÓN: Te conocía de oídas, mucho... Yo había preguntado cómo eras... Y eras... como eres: joven, inteligente, bueno, hermoso...

EL OÍDO *(a media voz)*: Dime. ¿Cuándo escuchaste otra voz como la suya? ¿Quién en el mundo se encolerizó, te suplicó y acarició con ese timbre? No permitas que suene para otros oídos.

La tentación: ...Que eras rico, dichoso; que vivías en un bellísimo jardín cerca del mar; que tu alma...

El olfato *(a media voz)*: Huele a sol, a ola, a cielo, a viento libre. Si la dejas marchar, será como quedarte sin aire.

La tentación: ...Que tu alma era pura. La que más resplandecía en el mundo. Y yo quería verte, vértela, cegarme de ella, bañarme en ella, probártela... *(Lo besa.)*

El gusto *(acercándose, a media voz)*: Así, amigo mío, así. Acabas de estrenar otros labios. Y son mejores éstos: más nuevos, desconocidos totalmente para ti. No dejes que se vayan. *(Vuelve a su árbol.)*

La tentación *(dejando de besar a* El hombre*)*: No me habían engañado. Tu alma, tu alma... ¡Qué bien sabe tu alma! Me la he bebido toda. Siento ya cómo arde dentro de la mía. Te quiero... La quiero. Dámela... sí, sí... *(Se queda como dormida.)*

El tacto *(acercándose, a media voz)*: Ya es tuya. Acaríciala ahora. Mira qué cuerpo. Reténlo a tu lado. Tócalo. Está duro y tirante como las piedras de la playa. Tócalo sin temor, eres el hombre. *(El hombre* la toca desde la frente hasta los pechos. La mujer, *inocente,* aparece en la puerta de la casa.*)*

La mujer: ¿Qué es? ¿Qué sucede?

El hombre *(levantándose sobresaltado)*: ¿Cómo has tardado tanto en venir?

La mujer *(acercándose intrigada)*: ¿Qué es?

El hombre: ¿No te dijeron los criados que bajaras al jardín, que yo te necesitaba con urgencia?

La mujer: ¿Quién es esta joven? ¿Qué le pasa? ¿Cuándo ha llegado?

EL HOMBRE: No sé quién es esta joven. La han traído unos hombres de la playa. La encontraron sin conocimiento sobre unas rocas, cerca del mar. Ni ellos ni yo sabemos nada. Aún no ha abierto los ojos. ¿Y tú? ¿Cómo has tardado tanto? Ordené a los criados que te avisaran en seguida.

LA MUJER: Me habrán buscado sin hallarme. No es extraño. Yo había subido a la torre para dar de comer a las palomas. Luego, como no estabas en tus habitaciones, pensé que te encontraría en el jardín. He bajado a buscarte, porque hace más de media hora que vivimos separados.

EL HOMBRE: ¿Qué hacemos con esta pobre muchacha? Es triste. No sabemos quién es ni por qué se encontraba desmayada a la orilla del mar.

LA MUJER: ¿Qué dijeron los que la traían?

EL HOMBRE: Sólo eso. Lo demás se ignora.

LA MUJER *(arrodillándose ante* La tentación *y tocándola)*: ¡Oh! Es muy hermosa. Está helada y llena de arañazos. ¡Pobre! Tiene los pies heridos. Pero vive.

EL HOMBRE *(fingiendo inquietud)*: Vive, ¿verdad?

LA MUJER: Los pulsos le laten débilmente.

EL HOMBRE: Tal vez esta muchacha habrá intentado ahogarse.

LA MUJER: ¿Ahogarse?

EL HOMBRE: Sí, quitarse la vida, creyendo así tocar más pronto las estrellas.

LA MUJER: No, yo creo que no, yo creo... No puede ser... Ella hablará, ella nos lo contará todo, porque vive... Pero está como el mármol. Necesita calor y aire en la frente... Espera. Abanícala mientras con tus manos, con tu pañuelo... Vuelvo en seguida.

EL HOMBRE: No tardes. *(La mujer entra en la casa.)*

LA TENTACIÓN *(incorporándose de súbito)*: ¿Quién es esa

mujer que se ha permitido tocarme y compadecerme? ¿Quién, quién es? Dímelo pronto.

EL HOMBRE: Esa mujer que se ha permitido acariciarte y elogiar tu hermosura es mi esposa.

LA TENTACIÓN: ¡Imbécil! ¿Crees tú que lo ignoraba? Desde antes de nacer siento un odio, un asco profundo hacia ella. Sus caricias y elogios me han hendido los arañazos del cuerpo y abierto más aún las heridas. Me escuecen hasta las raíces del alma, como si me las hubieran espolvoreado con raspaduras de vidrio.

EL HOMBRE: ¿Qué te hizo mi mujer para que la insultes y desprecies de ese modo? Ella es inocente.

LA TENTACIÓN: Su inocencia es lo que hace remover las heces de mi alma. Lo que más me asesina en el mundo es la inocencia. La mataré.

EL HOMBRE: ¿Qué dices? ¿Quién eres? ¿De dónde salen tus palabras? ¿De qué cueva sin aire, llena de malos ecos, vienen hasta mí? ¿Qué quieres, por favor?

LA TENTACIÓN: Quiero... *(La mujer entra, trayendo al brazo un gabán de pieles.)*

LA MUJER: ¡Cómo! ¡Qué alegría!

EL HOMBRE: Ya despertó de su desmayo. Hace un momento. Tenía sed. Ha bebido en mi mano agua del estanque y he refrescado la fiebre de su frente con mi pañuelo. Se ha incorporado sola. Me ha mirado con asombro y ha dicho, en el instante en que tú aparecías, su primera palabra.

LA MUJER: ¿Qué ha dicho?

EL HOMBRE: Quiero... Nada más. Enmudeció al verte.

LA MUJER *(sentándose junto a* La tentación*)*: ¿Qué es lo que quieres? Dilo. Si puedes hablar, habla tranquila.

LA TENTACIÓN *(suavemente)*: Irme. Quiero irme.

EL HOMBRE *(sobresaltado)*: ¿Irte?

LA MUJER: Yo traía para abrigarte este gabán de pieles, y

estas vendas de hilo para cubrirte las heridas. *(Saca un rollito blanco de uno de los bolsillos del gabán. Empieza a oscurecer en el jardín.)*
LA TENTACIÓN: Gracias. Muchas gracias. Tengo que irme.
EL HOMBRE: ¿Así? ¿Descalza, sangrando, casi desnuda como estás? Ni mi mujer ni yo lo consentiremos.
LA TENTACIÓN: ¿Qué queréis? Tengo que seguir adelante. Me esperan allá lejos...
LA MUJER: No puede ser. Se está poniendo el sol. Dentro de poco, hacia las proximidades del cabo, el mar cerrará la playa. Y ya no hay camino para andar por la noche. Tendrías miedo.
EL HOMBRE: Quédate a pasarla con nosotros. ¿A dónde vas?
LA MUJER: ¿Quiénes te aguardan allá lejos? ¿De dónde vienes? ¿Qué te ha pasado?
LA TENTACIÓN: Me esperan siempre, desde hace mucho tiempo, los míos, todos los que son míos. Vengo de dar la vuelta al mundo. Me escapé de mi casa cuando cumplí mis quince años. Ahora vuelvo otra vez, al cabo de cinco. He andado errante por la tierra. Vuelvo cansada y pobre. Ya cerca de esta casa, cuando intentaba saltar una roca de la orilla, me temblaron las piernas, se me nublaron los ojos y... Decidme vosotros lo demás.
LA MUJER: Te recogieron unos hombres de la playa y te entregaron a mi marido. Él, con su propio pañuelo, refrescó la fiebre de tu frente. Y has despertado junto a él, cuando yo te traía mi misma ropa para abrigar tu cuerpo.
LA TENTACIÓN: Gracias, amigos míos. *(Se levanta y da un beso a* La mujer.*)* Ahora, dejadme marchar.
LA MUJER: ¿Te vas? Yo que iba a prepararte mi cama...
EL HOMBRE: No puede ser. Ya es de noche y la marea ha cerrado el único camino. Hasta muy entrada el alba no se puede pasar. Quédate.

La mujer: Por la mañana te acompañaremos hasta doblar el cabo.

La tentación: Imposible. *(Da unos pasos, pero se cae.)*

El hombre *(sosteniéndola)*: Lo imposible es permitir que te vayas así, en este estado, cayéndote.

La mujer: ¿Te quedas?

La tentación: Sí, hasta la madrugada.

La mujer: ¡Oh, qué alegría! *(A El hombre.)* ¡Se queda!

El hombre: Tenía que ser así. Sin más remedio. *(Pausa.)* Ahora, abrígala en tus pieles, véndale las heridas y acompáñala hasta tu cuarto. Está cansada y tendrá sueño.

La tentación: Mis heridas son antiguas y no me duelen. Han ido siempre al aire y las vendas me las lastimarían. Puedo andar sin molestia.

La mujer: Pero acepta mi gabán sobre tus hombros. Estás helada. *(Se la echa sobre ellos.)*

La tentación: Sí, hace frío.

El hombre: Mucho, aunque la noche está templada y en los árboles se han parado las hojas. *(A La mujer.)* Acompáñala. Yo iré a dormir dentro de un rato. *(Van andando, parándose.)*

La tentación: Tengo sueño.

La mujer: Dormirás en mi cama.

La tentación: Eres muy buena. Soy muy amiga tuya. Despiértame al amanecer.

La mujer: ¿Cómo te llamas? Todavía no nos hemos dicho nuestros nombres. Dime primero el tuyo. *(El hombre escucha atento.)*

La tentación *(a media voz, ya en los escalones de la puerta)*: ¿El mío? ¿Mi nombre? ¿Quieres saber mi nombre? Verás. Yo me llamo... *(Entran en la casa.)*

El hombre *(cayendo al filo del estanque)*: No puedo más. No sé ya quien soy. *(Los cinco sentidos le rodean, encendiendo cada uno su linterna.)*

EL TACTO: Levanta, hombre dichoso, levanta.
EL OÍDO: ¿Has oído? Va a pasar la noche en tu mismo lecho.
LA VISTA: Ningún hombre del mundo verá lo que tú.
EL GUSTO: Gustará lo que tú.
EL OLFATO: Aspirará las esencias celestes que tú vas a aspirar en esta noche.
EL HOMBRE: ¡Dejadme, por favor! ¡No os conozco! No sé quiénes sois. Nunca os he visto. Me espantan vuestras voces, vuestras máscaras horribles y monstruosas. Quiero dormir.
LA VISTA: ¿Dormir? ¿Dormir ahora, que vas a ver las estrellas no vistas, los cielos desconocidos?
EL HOMBRE: No me hables de ver. Arráncame los ojos y déjame sin luz, antes de que otras sombras entenebrezcan mi alma. Arroja mis pupilas al mar. Que los salitres más hondos me las quemen. Quiero sentirme ciego.
EL TACTO: ¿Qué dices, cobarde? ¡Dormir! Levanta y mírame de frente. ¿No conoces mis manos, mi piel llena de tactos infinitos? ¿Quién soy? Niégame ahora que me ves cara a cara. Duérmete ahora que voy a llevarte hasta más allá de los centros del goce y de las caricias.
EL HOMBRE: Si te conozco, no quiero conocerte. Anestésiame el cuerpo. Déjamelo más insensible que el de un perro atacado de parálisis. Descuájame los brazos de raíz, los labios, la lengua, todo mi ser. Que mis manos se queden sin memoria. *(El tacto lo zamarrea por los hombros.)* No, no me toques. ¡Déjame! Estoy muerto.
EL TACTO: ¡Mentira! Tienes miedo. Estás muerto de miedo. ¡Qué vergüenza! Me da asco ser tuyo. Te abandono. Me voy. *(Hace como que se va.)*
EL HOMBRE *(levantándose de un salto)*: ¡No, no! ¡No me dejes ahora! ¿Qué sería yo sin ti? Un río sin agua, una vena sin sangre, un cuerpo sin cuerpo. Llévame adon-

de quieras, arrástrame hasta más allá de la fiebre y del crimen.
EL OÍDO: ¡El crimen! Estás loco.
EL TACTO: ¡Loco, loco! No sabe lo que dice.
EL HOMBRE: Sé muy bien lo que digo. ¡Yo loco! Sé que estáis conspirando, contra mí para perderme y matar la inocencia de un arcángel. ¿Qué os ha hecho mi mujer? Decídmelo. ¿Por qué queréis que yo la traicione, y con otra mujer a quien ni entiendo, ni conozco ni me importa? Habladme claro.
EL OÍDO: ¡Perderte! ¡Traicionar! ¡Pobre hombre ignorante! Me da pena oírte esas palabras. Ahora sí que estás muerto. No esperes ya de mí el entrarte en tu oído nuevamente esa voz desconocida, ese timbre suavísimo que te suspende el alma hasta más allá del séptimo cielo del goce y de la música. Voy a cerrarme para ti. Ya no oirás nunca nada.
LA VISTA: Voy a llorar sobre ti, hombre difunto.
EL HOMBRE: ¡Llorad! ¡Gemid! Tapadme los oídos con dos clavos candentes. Abandonadme. Algo horrible me acecha, y vosotros no queréis explicármelo. No sé ya ni quién soy en medio de mis mismas tinieblas.
LA VISTA: El más dichoso de los hombres: eso eres tú. Y no quieres comprenderlo, obstinado en ensombrecer con remordimientos y dudas inútiles tu propia claridad.
EL GUSTO: ¡Alégrate! Yo te voy a hacer gustar un nuevo Paraíso. El que ahora posees lo conoces. Te aburres mucho en él. Te hastías. Estás hastiado. Confiésalo. Confiésatelo a ti, a mí, no seas cobarde. Tienes que comprobar que existe otro más bello.
EL OLFATO: Otro, lleno de otros perfumes, que algún día, ya en recuerdo, te harán revivir las horas y los cielos más felices. ¡Qué hombre de suerte!

La vista: ¡Nadie como él!
El oído: ¡Valiente! ¡Decidido!
El gusto: ¡Un verdadero hombre!
El tacto *(dándole una palmada en el hombro)*: ¡Bravo!
El hombre *(deshecho, apoyándose contra el árbol del centro)*: Haced de mí lo que queráis. Me abandono a vosotros. Tendrá que ser así. No puedo más.
Los cinco sentidos *(quedamente)*: ¡Ji, ji, ji, ji! *(Apagan las linternas. Todo se queda a oscuras.)*
La mujer *(asomándose a la puerta mientras que se ilumina la ventana alta y* La tentación *escucha)*: ¿Dónde estás? No te veo.
El hombre *(débilmente)*: Aquí.
La mujer: ¿Por qué tardabas tanto?
El hombre: Hace calor.
La mujer: ¿Vienes? Se ha quedado dormida.
El hombre *(sordamente)*: Sí, voy. *(Entra en la casa con* La mujer *y cierra la puerta al mismo tiempo que* La tentación *apaga la luz de su cuarto. Silencio corto, lleno de ruidos y silbidos nocturnos.)*
1ª voz: ¿Qué presagios oscuros desvelan esta noche el sueño del agua? ¿Qué manos de sangre se lo inquietan, tiñéndoselo? Árboles del jardín, respondedme. Soy la voz del estanque.
2ª voz: Nuestras hojas tampoco duermen, sobrecogidas de espanto. Ignoramos qué fuegos angustiosos, qué llamas ocultas nos las incendian. Larvas, insectos mudos que vivís y trabajáis en ellas, vosotros, ¿qué decís? Contestad a los árboles. *(Silencio.)* No dicen nada. Han muerto de temores.
3ª voz *(lejos)*: ¡Ay! ¡Ay! *(Lejísimos, suena el quejido de una sirena.)*
4ª voz: El mar pide socorro a lo lejos. ¿Qué sucede esta noche? ¿Qué pasa, que nosotros, pobres cañas, haces

de trigo, objetos tristes y arrumbados en este granero sin día no podemos cerrar los ojos?

5ª VOZ: Paso, sigo de prisa. ¡Qué dolor detenerme en este sitio! Paso. Soy el aire.

6ª VOZ: Silencio de muerte. Yo soy la noche. *(Sale, sigilosa, casi desnuda,* La tentación.*)*

LA TENTACIÓN *(quedamente)*: ¿Dormís?

LOS CINCO SENTIDOS *(encendiendo las linternas)*: Nunca.

LA TENTACIÓN: ¿Hemos vencido al hombre?

LOS CINCO SENTIDOS: Creemos que sí.

LA TENTACIÓN: Callad. Venid conmigo. Seguidme. *(Sin ruido, en fila, la siguen hasta el granero.)* Escuchadme. El hombre está vencido. Lo sé. Tampoco duerme. Ya no podrá dormir jamás. Dentro de unos instantes, lo veréis, subirá como un sonámbulo a mi alcoba. El deseo le hará buscarme a tientas por todos los rincones de la casa, hasta caer, como un loco sin ojos, en el jardín. Allí le esperaremos, junto al estanque. Estad siempre conmigo. Os necesito más que nunca. Vendrá desesperado, fatal, sin dominio, a entregárseme todo, como si la órbita pura que seguía su alma tuviera irremisiblemente que terminar en mí. Y él ignora que para conseguirme aún tiene que rodar por el último abismo que le falta. ¿Sabéis cuál es? ¿No lo sabéis?

LOS CINCO SENTIDOS *(quedamente)*: No.

LA TENTACIÓN: El más hondo. Os lo diré al oído. Acercaos más. *(Dice algo que no se oye.)*

LOS CINCO SENTIDOS: ¡Oh!

LA TENTACIÓN: Tenéis que ayudarme. Vosotros... *(Vuelve a decir algo que tampoco se oye.)* ¿Lo haréis?

LOS CINCO SENTIDOS: Sí, sí.

LA TENTACIÓN: Presenciaréis los últimos fulgores de una buena conciencia. Con ella el hombre va a librar su última batalla. Suplicará, llorará, deseará la muerte,

pero... Todo inútil. Está perdido. Para ganarme a mí hay antes que perder. *(Silencio.* El hombre *enciende la luz de la alcoba donde antes se hallaba* La tentación. *Ve que no hay nadie. Apaga.)* Vamos hacia el jardín. El hombre se aproxima. Seguidme en silencio.
*(*Los cinco sentidos *apagan las linternas y salen tras* La tentación. *En el jardín se ordenan, cada uno al pie de su árbol.* La tentación, *junto a* El tacto, *cerca del estanque. Sale* El hombre.*)*
EL HOMBRE: ¿Dónde estáis? ¿Me oyes? No te veo. No veo nada. *(Silencio.)* Contéstame. Oriéntame hacia ti. Ando a oscuras. *(Silencio. Luego más alto.)* ¿Te has marchado? ¿Te has ido? ¿Será posible? *(Gritando.)* ¡Ay!...
LA TENTACIÓN *(tapándole la boca, mientras* Los cinco sentidos *encienden sus linternas)*: Silencio. Todos duermen. Te esperaba.
EL HOMBRE *(angustiado)*: No estabas en tu cuarto, creí, creí... ¡Qué angustia! ¡Hubiera sido horrible!
LA TENTACIÓN: Hace calor. Quería hablarte en el jardín. Acércate.
EL HOMBRE *(tocándola al acercarse)*: ¡Oh! Estás desnuda.
LA TENTACIÓN *(separándole con la mano)*: Sí, pero no me toques. Todavía no.
EL HOMBRE: ¿Todavía no?
LA TENTACIÓN: Espera.
EL HOMBRE: Esperar... Esperar... ¿Más aún? Eres mi agonía.
LA TENTACIÓN: Soy tu felicidad. Ven junto a mí.
EL HOMBRE *(acercándose, intentando besarla)*: ¡Oh! Quemas.
LA TENTACIÓN *(alejándolo con la mano)*: Sí, pero no me beses. Todavía no. Es pronto. Sepárate.
EL HOMBRE *(como sonámbulo)*: Todavía no... Es pronto... Sepárate... ¿Qué quieres de mí? ¿Por qué haces esto?

La tentación: Por amor.

El hombre *(sordamente, colérico)*: ¡Mentira! Para arrastrarme no sé a dónde, perdiéndome.

La tentación: Para llevarte con más fuerza a mi cuerpo. Ven. Ven. Ya es tuyo. Acércate otra vez. *(El hombre lo hace tímidamente.)* Más aún. Así. Ahora, bésame. *(Va a besarla, pero ella interpone su mano entre su boca y la de* El hombre.*)* Espera, espérate un momento. El último. Sólo el último. Se me olvidaba algo. Toma. *(Deja en su mano un puñal.)*

El hombre: ¿Qué es esto?

La tentación: La libertad. Vuelve en seguida. Entonces seré tuya. No tardes.

El hombre: ¡Qué tristeza, qué desesperación infinitas! ¿Por qué me pides eso? No lo haré.

La tentación: Sí, lo harás, porque yo te lo mando.

Los cinco sentidos: Y nosotros te lo exigimos, si no...

La vista: Se te secarán los ojos y vivirás inmóvil en una eterna noche cerrada...

El hombre: Ella es inocente. ¿Por qué me pedís eso?

El oído: Sin voces y sin ruidos... Sordo, como una piedra caída en el centro del mar...

El gusto: ...Seca la lengua, partida entre los dientes, llagada por tu propia sangre...

El hombre: ¡Horrible, horrible! No lo haré.

El olfato: ...Parados tus pulmones, heridos de nostalgias celestes...

El tacto: Acribillada tu carne, fija, sin movimiento...

La tentación: Es decir, como muerto en la vida, o como vivo en la muerte, con tus cinco sentidos, pero paralizados.

La vista: Y querrás ver, y ya no verás nada.

El oído: Y querrás oír, y ya todo será silencio.

El olfato: Y querrás respirar, y ya en la tierra se habrá secado el aire.

EL GUSTO: Y la vida ya no te sabrá más que a cueva vacía.
EL TACTO: Y nada sentirás, aunque te des cuenta de todo.
LA TENTACIÓN: Un muerto vivo. La mayor pena. La desgracia más desoladora del mundo. Eso serás tú. Cumple lo que te mando. Anda. No tardes. Vuelve en seguida.
EL HOMBRE: ¡Sombras malas! ¡Voces malas, turbias, crueles, callaos! No quiero oíros. ¿A dónde me lleváis? No iré.
LA TENTACIÓN *(empujándolo)*: Ve. Se alegrará tu alma, respirará libre. Sufres mucho. Deja ya de una vez esta pesadilla. ¡Ven pronto!
EL HOMBRE: ¡Infame, infame! Ahora ya sé quién eres. No hace falta que me jures tu nombre. No quiero oírlo. Te he conocido bien. Voy a golpearte, a asesinarte con el mismo puñal que has dejado en mi mano para matar la inocencia, que es lo que más te duele. Llamaré. Gritaré para que ella me oiga y salte de su sueño, y yo le cuente de rodillas, y yo le descubra, llorando, desgarrándome con las uñas la poca luz que aún le queda a mi alma, tu crimen, el doble crimen que traías en tu sangre, que amasabas con hiel en la corriente negra de tu sangre, desde antes que el mundo, el fuego, el viento, el mar, o lo que sea, te escupiera de un golpe contra los muros felices de mi casa. Pero... No, no la despertaré, aún no... Duerme tranquila. *(Levantando lentamente el puñal.)* Antes voy a matarte. Quiero que te vea, muerta, quiero...
LA TENTACIÓN: ¡Ja, ja, ja, ja, ja! *(Enseñándole el pecho.)* Anda. Hazlo. Aquí tienes mi pecho. Hazlo. Abre en él una cueva de sangre y entra tu mano hasta mi corazón. Retenlo fuerte. Apriétalo más fuerte. Más aún. ¡Ay! Ya me siento tus dedos. ¡Qué alegría! Después, arráncamelo, y en medio de las sombras levántalo ya muerto hasta tus oídos. Verás qué dice. Escucha bien lo que te dice. ¡Oh confesión final! ¡Oh pasión anterior al naci-

miento de las llamas, al vértigo de los astros! Te lo dirá muy suavemente, muy sordamente, para que las estrellas y los ángeles no desciendan a oírlo. Luego, tápatelos, suéldate los oídos con dos piedras, pero para toda la vida. No vuelvas a escuchar nada. Prométemelo. Que nunca jamás otras palabras caigan sobre las tuyas, se mezclen con las de su secreto. Anda. Ven. *(Cogiéndole el brazo y apoyándose ella misma en la punta del puñal.)* Mátame. Empuja. Lentamente. O de golpe. Me da lo mismo. Mi corazón lo espera, saltando, para hablarte.

EL HOMBRE *(cayéndosele el brazo, sin fuerza)*: No... no puedo... Me es imposible. ¡Ay! *(Da la vuelta, en dirección de la casa. Los cinco sentidos dejan sus árboles y se ordenan, haciéndole camino. La vista y El oído, a un lado, junto a La tentación, y El olfato, El gusto y El tacto, al otro. El hombre, lentamente, abstraído, sórdido, monótono, andando hacia la alcoba, donde duerme La mujer.)*

    Una paloma blanca
    duerme en la nieve.
    Quisiera despertarse,
    pero no puede.
    ¡Ay, pero no puede!
    Quisiera despertarse,
    ir por la nieve.
    Pero no puede, ¡ay!,
    ir por la nieve.

*(Se enciende la ventana baja de la casa. Y sobre un lecho, inclinado hacia el jardín, con el cabello desordenado sobre el hombro, y el brazo desnudo sobre la sábana, duerme tranquila La mujer. Se ve entrar sólo el brazo de El hombre, levantando el puñal. Todavía se oye, triste y lejana, su voz.)*

...Quisiera despertarse,
pero no puede...
¡Ay!
Una paloma blanca...

*(Silencio. Y baja el puñal, muy despacio, hacia el corazón de La mujer. Un momento antes de clavarlo, se hace el oscuro. Y, simultáneamente, Los cinco sentidos, respirando hondo en el jardín, apagan sus linternas. Oscuridad absoluta.)*

LA TENTACIÓN *(muy bajo)*: Ha muerto. *(Pausa.)*
EL HOMBRE *(saliendo, cerrando la puerta, como sonámbulo, aún con el puñal)*: ¿Dónde estoy? ¿Cómo me llamo? Me arden los dedos...
LA TENTACIÓN: Amor.
EL HOMBRE: La tierra y mis espaldas se agrietan, se parten sacudidas de temblores. El mar es una tromba de sangre. Me he quemado las manos...
LA TENTACIÓN: Amor, amor.
EL HOMBRE: ¿Tienen voces las sombras? ¿Quién vive, quién habla en esta cueva?
LA TENTACIÓN *(tomándole por la espalda mientras Los cinco sentidos vuelven a encender sus linternas)*: Yo soy la que te hablo, la que te beso. *(Lo besa.)*
EL HOMBRE *(como enajenado, sin recordar)*: Tú... Tú... ¿Quién eres?
LA TENTACIÓN: Yo, tu nueva vida.
EL HOMBRE *(dócilmente)*: Déjame... Voy hacia el océano, hacia el mar, hacia las olas heladas.
LA TENTACIÓN *(quitándole el puñal, arrojándolo al agua y separándose un poco de él)*: Vienes hacia mí, hacia mi boca, hacia mi cuerpo.
EL HOMBRE: No, voy... a enfriar estas manos, a apagármelas en los mares más fríos...

La tentación: No, vas… a encendértelas más en este fuego corriente de mi sangre…

El hombre *(mirándose las manos)*: ¡Oh sangre, sangre, sangre, su sangre! *(Llevándoselas a los ojos.)*

La tentación *(Deteniéndoselas)*: ¡No, no! ¡No te toques los ojos, te quedarías ciego! ¿A qué llorar, dime? Deja esas lágrimas inútiles que te impiden mirar mi hermosura, mi cuerpo lleno de alegría. *(Le limpia las lágrimas.)* Míralo, míralo ahora levantarse ante ti, en medio de la noche. Es tuyo todo él. Tócalo.

El hombre: Tocar… tocar… *(Vuelve a mirarse las manos ensangrentadas.)* ¡Oh, qué angustia! Te achicharraría… Se te hundirían mis manos hasta más allá de tus huesos. Tocar… tocar… ¡Oh imposible!

La tentación: No. Ven. Tráelas. *(Se las coge.)* Quiero que ellas me acaricien. *(Lavándoselas en el estanque.)* Pero limpias… frías… sin mancha…

El hombre *(mirando el agua)*: Su misma sangre enturbia su reflujo, el reflejo de ella, vivo siempre en este agua.

La tentación: Deja. No recuerdes. Mírame sólo a mí. *(Agita el agua con las manos.)* Ya se ha aclarado el agua. Mírame junto a ti, en el fondo.

El hombre: Sólo veo un puñal y un pez muerto.

La tentación *(apartándose del estanque)*: Deja. No recuerdes. Sécate tus manos en mi pelo. *(El hombre se las seca.)* Así, así. *(Le hace levantar la cabeza hacia lo alto.)* ¡Oh! ¡Tiemblan las estrellas! Bésame.

El hombre *(después de besarla)*: ¡Oh crimen sin castigo!

La tentación: Deja. No recuerdes. Ven. *(Lo coge del brazo.)* Ya me has besado. Ahora, déjate guiar. Ven donde yo te lleve. *(Lentamente van andando hacia el granero. Los cinco sentidos, en fila, los siguen.)*

El hombre: Llévame adonde quieras. Me abandono a ti.

La tentación: A mí, sólo a mí.

EL HOMBRE: A ti, sin remedio.
LA TENTACIÓN: A mí sólo.
EL HOMBRE: Para siempre.
LA TENTACIÓN: Para siempre. *(Al entrar, el granero se oscurece hasta no verse nada. Los cinco sentidos quedan alincados a lo largo del muro de la puerta.)*
LA VISTA: Feliz.
EL OÍDO: Dichoso.
EL OLFATO *(aspirando)*: ¡Oh!
EL GUSTO: Feliz.
EL TACTO: ¡Amor! ¡Amor!
LA MUJER *(en espectro, transparentándose una tela de araña del fondo del granero, aparece, empuñando un revólver)*: ¡Amor! ¡Amor! *(Pega un tiro a* El hombre *y desaparece.)*
EL HOMBRE *(cayendo sobre los haces de trigo)*: ¡Señor!... ¡Señor!... ¡Señor!...
LOS CINCO SENTIDOS *(simultáneamente, con estridencia, apagando las linternas)*: ¡Ji, ji, ji, ji! *(Empieza a clarear.)*
LA TENTACIÓN *(saliendo del granero)*: El hombre ha muerto. Amanece. Sigamos adelante. *(Seguida de* Los cinco sentidos, *huye por la puertecilla que da a la playa. Al pasar junto al montón de azufre, se incendia solo. La luz de la mañana aumenta. Sobre el mar remonta, inmenso, el sol. Una enorme araña de tentáculos negros baja, lentamente, hasta cubrir la cara de* El hombre. *Soñoliento, uno de los criados abre la puerta de la casa. La vida sigue.)*

# EPÍLOGO

Decoración: *La misma que en el prólogo. Está oscureciendo,* El vigilante nocturno *aparece sentado sobre las piedras, como aburrido. Enciende su pipa. Bosteza. Fuma, siguiendo atentamente las bocanadas de humo. Por el fondo entra* El hombre. *Viene muerto, cayéndose, con un balazo en la frente, chorreándole la sangre por la cara y la pechera blanca de la camisa.* El vigilante nocturno, *al verlo, se levanta. Disimuladamente, como para no ser visto, da la vuelta por la derecha, hasta caer a espaldas de* El hombre.

EL VIGILANTE NOCTURNO *(dándole con suavidad una palmada en el hombro)*: Buenas tardes, caballero. *(*El hombre *se para. No responde.)* ¿Cómo usted a estas horas tan raras por estos sitios abandonados? Dígame. *(Dentro, lejos, suena un disparo de revólver.)*
1ª VOZ: ¡Muerto! ¡Está muerto!
EL VIGILANTE NOCTURNO: Me extraña mucho su silencio, amigo mío. ¿Qué tiene? ¿Por qué no me habla? ¿Se ha olvidado de mí? ¿No me reconoce? Es raro todo esto, caballero, verdaderamente raro. Incomprensible. Claro que... *(*El hombre *se inclina, rígido, como para caerse.* El vigilante nocturno *lo sostiene.)* Pero... ¿qué le sucede, amigo mío? ¿Por qué se cae? Míreme. *(*El hombre *vuelve a quedar inmóvil.)* Le encuentro a usted muy cambiado: envejecido, triste, sin color en la cara, débil... *(Fijándose, de pronto, en la sangre.)* Pero...

dígame: ¿qué es esto rojo que le baja de la frente hasta la camisa, caballero? No me había fijado...

2ª VOZ: ¡Sangre! ¡Es sangre!

EL VIGILANTE NOCTURNO: Amigo, algo terrible le sucede, confiésemelo, algo terrible que usted mismo no se atreve a contar. ¿No es así? *(El hombre continúa mudo.)* Primeramente, caballero, me he asombrado muchísimo de verle aparecer a estas horas por estos lugares intransitables, sonámbulo, medio cayéndose, como un hombre beodo. Después, de su silencio, amigo mío, de su silencio... Esa tristeza, esa lividez en su cara, esa herida en su frente... Luego... ¿sabe usted, caballero, lo que más asombro ha despertado en mí, más que su palidez, que su sangre, que su mutismo? Su soledad, amigo, su soledad. Viene usted solo, completamente solo, sin nadie. ¿Me comprende usted, caballero? ¡Sin nadie! ¿Será capaz de responderme ahora a esta pregunta, amigo mío? ¿A esta sola pregunta? Perdóneme. Dígame: ¿Y su mujer? ¿Dónde está? ¿Cómo no viene cogida de su brazo? Contésteme.

3ª VOZ: ¡Muerta!

1ª VOZ: La mató.

2ª VOZ: ¡La asesinó!

EL VIGILANTE NOCTURNO: ¡Ay, caballero! Todo está perdido. Ahora empiezo a ver claro. Viene usted muerto, por eso no me habla. Es natural, amigo mío, es natural. ¿Cómo iba usted a responderme? ¡Pobre hombre! Le dejo. Ya se acabó todo. Adiós. *(Hace como que se va, y vuelve.)* Pero..., vamos a ver, caballero, vamos a ver. No quiero abandonarlo sin enterarme antes de una cosa. Y ahora va a contestarme, porque yo se lo mando. Respóndame. ¿A qué ha venido aquí? ¿Qué fuerza le ha empujado hacia estos lugares? *(Tocándole el corazón.)* Hable. *(Se ha hecho de noche, y las estrellas empiezan a encenderse.)*

El hombre *(cayendo de rodillas.)*: ¡Señor!

El vigilante nocturno: Ya hablaste, por fin. ¿Qué quieres?

El hombre *(suplicante)*: ¡Señor! ¡Señor!

El vigilante nocturno: ¿Qué me suplicas arrodillado y solo? Alguien te falta a tu derecha. ¿Dónde está?

El hombre: Señor, no me preguntes.

El vigilante nocturno: ¿Dónde está?

El hombre: ¡Por favor! ¡No hagas mover mi lengua, déjamela muerta, pesada entre mis dientes! Tú debes saberlo todo.

El vigilante nocturno: No la veo junto a ti. ¿Dónde está? ¿Que has hecho de ella?

El hombre: Eres cruel, Señor. Le di muerte. La asesiné. Tú no lo ignoras.

El vigilante nocturno *(levantando a* El hombre *bruscamente)*: ¿Y por qué la mataste, dime? ¿Era mala contigo?

El hombre *(desesperado)*: Señor, no me atormentes. Tú lees dentro de mí. Ahórrame las palabras.

El vigilante nocturno: Responde a mi pregunta.

El hombre: Fui vencido, Señor, fui vencido.

El vigilante nocturno: No mientas en tus últimos instantes. Te dejaste vencer.

El hombre: ¿Y tú, en tanto, qué hacías? ¿Por qué no viniste en mi socorro?

El vigilante nocturno: Sólo pronunciaste mi nombre en el momento de tu muerte. Cuando no había remedio. Mientras fuiste dichoso, jamás te acordaste de mí.

El hombre: No te necesitaba... Pero... ¡mi muerte, Señor, mi muerte! ¡Qué sombra más oscura! ¿Quién me quitó la vida? ¿Cuándo la perdí? Nado en las tinieblas.

El vigilante nocturno: Cuando entre los haces de trigo y las arañas cometías tu segundo crimen.

EL HOMBRE: Ya recuerdo, Señor... Pero fue ella..., mi mujer.
EL VIGILANTE NOCTURNO: No: fue su espectro...
EL HOMBRE: ...Su sombra asesinada, su espectro, el que me dio la muerte...
EL VIGILANTE NOCTURNO: Sí, de un tiro.
EL HOMBRE: Pero, dime, Señor, ¡ella era tan buena!... ¿Cómo pudo hacer eso?
EL VIGILANTE NOCTURNO: Se lo mandé yo. Yo le entregué el revólver del castigo.
EL HOMBRE *(con miedo, al ver aparecer por el fondo y con el mismo traje que llevaba cuando disparó contra él, a* La mujer, *que avanza lenta y débilmente iluminada, llevando aún el revólver en la mano caída)*: ¡Oh! ¿Quién avanza hacia mí, Señor?
EL VIGILANTE NOCTURNO: Un remordimiento hecho sombra. *(*La mujer *sigue avanzando hasta pasar cerca de* El hombre *que, atónito, hace ademán de tocarla.)* Es inútil que intentes quemarte los dedos en la sangre helada de un crimen.
EL HOMBRE: ¡Pero si es ella, es ella la que pasa! Deja que me arrodille. Déjame que toque siquiera el aire de su túnica.
EL VIGILANTE NOCTURNO: Haz la prueba, si puedes.
EL HOMBRE *(intentando acercarse a* La mujer, *anhelante, pero sin conseguir moverse del sitio donde está)*: Me has clavado, Señor, entre estos escombros para que ni la súplica de perdón que estremece mi lengua pueda llegar a ella, restañándole, cosiéndole esa herida por donde se le fue el soplo de su alma. *(*La mujer, *ya de espaldas a* El hombre, *sigue, borrosa, su camino hacia el fondo. Pausa.)*
EL VIGILANTE NOCTURNO: Ni te ha reconocido. No sabe ya quién eres.
EL HOMBRE: ¿Y serás tú capaz de dejarme esta pena para

toda la vida de mi muerte, Señor? Va a desaparecer. Permíteme una sola palabra, un grito, algo que la conmueva un segundo. ¡Que se lleve en su oído un eco de mi angustia, una sílaba de mi arrepentimiento!

El vigilante nocturno: Haz la prueba, te digo.

El hombre *(Sin lograr movimiento)*: Ya que me es imposible detenerla, que me oiga, Señor, te lo suplico, aunque sea sin mirarme, sin volver la cabeza hacia esta desesperación aún en forma de hombre.

El vigilante nocturno *(al mismo tiempo que La mujer desaparece)*: Los desaparecidos ya no pueden oír.

El hombre *(después de un silencio lleno de estupor)*: Señor, perdóname. Acércate hasta mí. Concédeme esta gracia.

El vigilante nocturno *(acercándose)*: ¿Por qué no?

El hombre *(al oído)*: Eres un criminal.

El vigilante nocturno *(retrocediendo)*: ¿Qué has dicho? ¿Cómo te atreves contra tu creador? Estás condenado. Se agrietará la tierra dentro de unos instantes y de su boca saltarán diez mil lenguas de fuego. Los azufres más verdes te arrancarán la garganta, arrasándote las encías y...

El hombre: ¡Mi creador! ¡Un criminal, Señor, un criminal! Tú, en vida, me rodeaste de monstruos sólo para perderme. Tú, en vida, cuando era más feliz, me mandaste un demonio, un ángel del abismo, para arrastrarme ahora al fondo de la tierra. ¡Mi creador! ¡Un asesino, sí! Porque tú, Señor, puesto que ya lo sabías todo, lo manejabas todo, conocías todos los resortes y secretos nublados de mi alma en el mundo, bien pudiste evitar estas catástrofes, mandándome una luz, un aviso celeste, o habiéndome creado de otro modo. Yo no tengo la culpa, yo...

El vigilante nocturno: ¡Cállate! La tienes, sólo tú.

El hombre: ¡Mentira!

EL VIGILANTE NOCTURNO: ¡Hombre rebelde, me das pena! Estás ardiendo ya. Yo, al principio, cuando te traje al mundo, te advertí que tuvieras cuidado, que aquellos cinco amigos inseparables que te di como acompañantes de tu vida, eran muy peligrosos, si no sabías conducirlos con tacto. Y te añadí, además, acuérdate bien, que tu salvación o perdición estaba en ellos.

EL HOMBRE: ¡Y me han perdido, Señor, y me han perdido! Y tú ya lo sabías desde mucho antes de dármelos. Y me los diste para esto, sólo para esto, escúchalo: para que un cuerpo más, el mío, aumentara la altura de las llamas, espesando la tristeza, la negrura, la agonía del humo. Te odio, Señor, te odio. No me asusta decírtelo.

EL VIGILANTE NOCTURNO: Estás ardiendo ya. Hablas como los ángeles rebeldes que sacuden con sus alas el sueño subterráneo de las chispas.

EL HOMBRE: Estoy ardiendo ya, lo sé. Y ojalá que este fuego que ya empieza a consumirme las raíces del alma, saliera por mis poros y te dejara a oscuras ciego, hecho cenizas, sin comprender nada, como tú me has dejado a mí. *(De la boca de la alcantarilla empieza a desprenderse un humo blanquecino.)*

EL VIGILANTE NOCTURNO: Comprender..., comprender.

1ª VOZ SUBTERRÁNEA: ¡Ay! ¡Ay!

EL HOMBRE *(asustado)*: ¿Quién se queja, Señor?

EL VIGILANTE NOCTURNO: Las sombras, tus amigas.

EL HOMBRE *(cayendo de rodillas, suplicante)*: Señor, tengo miedo... No sé nada. Perdóname.

2ª VOZ SUBTERRÁNEA: ¡Ven! ¡Ven! ¡Ven!

EL HOMBRE: ¿Qué gritan, señor?

EL VIGILANTE NOCTURNO: Llaman. Te están llamando.

EL HOMBRE: ¿A mí?

EL VIGILANTE NOCTURNO: A ti. Levántate.

El hombre: Señor, déjame aquí clavado, de rodillas, para siempre, ¿A dónde me llevas? No me martirices.

El vigilante nocturno *(levantándolo)*: Levanta. *(Llevándolo hacia la boca de la alcantarilla.)* Ahora vas a asomarte a tu nuevo camino. *(Ya delante de la boca.)* Mira hacia abajo.

El hombre *(tapándose los ojos y retrocediendo)*: ¡Oh!

El vigilante nocturno: Ese camino oscuro te bajará hasta los séptimos pozos de la tierra.

El hombre: ¡Señor, perdóname! Yo luché, combatí contra tus cinco monstruos... Grité, me desesperé hasta caer rendido... ¡No quería, Señor, no quería! Tú también lo sabes... Fui derrotado, porque quisiste..., porque tú así lo habías dispuesto desde mil siglos antes de concederme la vida. Y hubiera sido inútil toda súplica, todo llanto, toda llamada a ti...

El vigilante nocturno *(sin hacerle caso)*: Allá en lo hondo, en la última cueva, te espera nuevamente tu crimen. Toda la eternidad, de segundo en segundo, como en sueños, volverás a repetirlo. Fíjate. ¡Toda la eternidad! ¡Siempre! Cuando llegues abajo, un puñal de sangre, avivada con fuego, saldrá a recibirte. *(Aumenta el humo de la alcantarilla.)*

La tentación *(sacando medio cuerpo por la boca de la alcantarilla, mientras* Los cinco sentidos *asoman sus máscaras por los toneles, encendidas las linternas)*: Soy yo, mi amor, la que sale a tu encuentro. Vas a vivir conmigo para siempre. Es la hora de la llama. Acércate. No te había olvidado. ¡Ven!

El hombre: ¡Esa mujer, Señor, esa mujer! ¡Que yo nunca la oiga! ¡Y esos monstruos, Señor! ¡Quítalos de mi vista! ¡Que no se queden dentro de mis ojos cerrados! ¡Que sea la oscuridad más absoluta y no esas cinco lámparas siniestras la que viva por siempre en mis cuencas vacías. *(La vista se aproxima a* El hombre, *enfocándole la linterna a los ojos.)* Sí, tú eras mi vista, los ojos que me hicieron ver la luz de los astros... *(La vista apaga su linterna, volviendo a su tonel.)*

El vigilante nocturno: ...pero que tú volviste noche negra, cerrada.

El hombre *(al acercarse* El oído*)*: Te reconozco. Eras mi oído, el que me hiciste oír sobre la tierra las músicas celestes... *(Vuelve a su tonel.)*

El vigilante nocturno: ...pero que tú volviste silencio profundo.

El hombre *(al acercarse* El olfato*)*: ¡Ah! ¡Qué recuerdo de ti! ¡El olor de su piel, entre los jazmines y azahares!... *(Vuelve a su tonel.)*

El vigilante nocturno: ...pero que tú cerraste para el aire que precipita el pulso del deseo.

El hombre *(al acercarse* El gusto*)*: No te vayas. Se me agrietan los labios de zumo de limón y en la lengua me cantan sales marinas... *(Vuelve a su tonel.)*

El vigilante nocturno: ...pero que tú deseaste que te supiera sólo a muerte.

El hombre *(al acercarse* El tacto*)*: ¡No! ¡Ya no puedo! ¡Vete! ¡Pero no, no te vayas! Mis manos están llenas de memoria ¡Que yo, Señor, pierda todo menos esto!... *(Vuelve a su tonel.)*

El vigilante nocturno: ...tú mismo las helaste, hasta dejarlas insensibles... Ya todo murió en ti.

La tentación: Sólo te quedo yo. Lo demás ya no existe. Vamos.

El hombre: ¡Esa mujer, Señor, esa mujer! ¡Esa voz que me hunde! ¡Que yo nunca la oiga! Ella tuvo la culpa. Tú me la mandaste, Señor, para que atravesara mis oídos y me hiciera rodar hasta el abismo de este horno. ¿Por qué lo permitiste tú, Señor, por qué lo permitiste? ¡Tú, tan bueno, que me creaste solamente para la felicidad y la alegría! Dímelo, antes de que esta boca se cierre, devorándome a la luz de los astros. ¡Que no me hunda en esta cueva sin saberlo! *(El hombre mira hacia lo alto en el instante en que se apagan las estrellas.)*

EL VIGILANTE NOCTURNO: ¿Ves? Se han apagado las estrellas. ¿Comprendes? *(El hombre se encoge de hombros, sin entender.)* En mí todo es secreto. ¿Por qué voy a revelártelo a ti?

EL HOMBRE: Arderé odiándote, Señor.

EL VIGILANTE NOCTURNO: Hablas como los ángeles caídos. Pero aún eres menos que el último de todos: ¡un simple hombre condenado! *(Aumenta el humo mientras* La tentación *se hunde muy lentamente.)*

VOCES SUBTERRÁNEAS: ¡Señor! ¡Señor! ¡Señor!

EL VIGILANTE NOCTURNO: Oye sus voces: me llaman para maldecirme.

EL HOMBRE: Yo también te maldigo.

EL VIGILANTE NOCTURNO *(cogiéndole por el cuello de la chaqueta y haciendo ademán de levantarlo para arrojarle por la boca de la alcantarilla)*: Ya no eres de este mundo. Tu alma ya es desprecio de las llamas. Ahora va a arder también tu cuerpo. *(Despacio, lo hace descender.)*

EL HOMBRE: Eres injusto.

EL VIGILANTE NOCTURNO: Sé muy bien lo que hago.

EL HOMBRE: Te aborreceré siempre.

EL VIGILANTE NOCTURNO: Y yo a ti, por toda la eternidad. *(Desaparece* El hombre. *La boca arroja una espesa columna de humo negro. El vigilante nocturno lo ahoga, echándole la tapa. Luego, la cierra, dándole varias vueltas a su llave.)* Asi. Mis juicios son un abismo profundo. *(A oscuras, en silencio, desaparece por el fondo.)*

# TELÓN

# El trébol florido

*(Tragicomedia en tres actos)*
1940

> *¡Trebolé, ay Jesús, cómo huele!*
> *¡Trebolé, ay Jesús, qué olor!*
>
> Lope de Vega

Personajes de la tragicomedia

Sileno,
*viejo molinero, ciego*
Aitana,
*su hija*
Umbrosa,
*vieja pescadora, viuda*
Martín y Alción,
*sus hijos*
Cabrero
Figuras 1 y 2
*(enmascaradas de perro lobo)*
Figuras 1 y 2
*(enmascaradas de árbol)*
Ancianos 1, 2 y 3
Vendimiadores 1 y 2
Vendimiadora
Remadores 1, 2, 3, 4, 5, y 6
Vieja

*Otros pescadores, vendimiadores, gente de mar y del campo, danzarines, músicos, etc. La acción: en una isla de sol, mar azul y cielos tirantes.*

# PRIMER ACTO

*Bosque de pinos. Oscuridad profunda, al levantarse el telón.*

Voz de Aitana *(gritando, lejos)*: ¡Alción!
Voz de Alción: ¡Aitana!
Voz de Aitana: ¡Martín!
Voz de Alción: ¡Aitana!

*(Ladridos lejanos.)*

Aitana *(ya en escena)*: ¿Eres tú, Martín? ¿Alción?
Cabrero *(con voz extraña)*: Soy quien soy. Quien halló el trébol de la suerte. Tienes que casarte conmigo. Vamos. Ven que te abrace.
Aitana: La oscuridad te puso negra el habla, Alción. No te acerques. Espérate a que salga la luna.
Cabrero: Hallé el trébol de cuatro hojas. Ya sabes... La primera muchacha que se encuentre... Serás mi mujer. Bueno, ya lo eres. Tengo prisa. Vamos. Por aquí hay matorrales espesos... *(Un rayo momentáneo de luna alumbra el abrazo que el* Cabrero, *disfrazado con máscara y piel de jabalí, intenta dar a* Aitana.*)*
Aitana *(rechazándolo)*: ¡No te conozco, Alción! Esa voz no es la tuya. ¡Ni esas orejas! ¡Ni ese hocico! ¡Uf!
Cabrero *(huyendo, mientras el bosque vuelve a su oscuri-*

dad): ¡Tengo el trébol de cuatro hojas! Volveré por ti luego, muchacha. ¡Ja, ja, ja, ja!

*(Dentro, lentamente, se canta:*
*¡Trebolé, ay Jesús, cómo huele!*
*¡Trebolé, ay Jesús, qué olor!)*

AITANA: Me habré extraviado. *(Gritando.)* ¡Alción! ¡Martín!
VOZ DE ALCIÓN *(próxima)*: ¡Aitana!
AITANA: ¡Martín!
ALCIÓN *(ya en escena.)*: No soy Martín, por desgracia.

*(Mientras este diálogo, el bosque se va alumbrando nuevamente de luna.)*

AITANA: ¿Dónde estamos? ¿Perdidos?
ALCIÓN: Eso quisiera yo.
AITANA: ¿Qué tienes?
ALCIÓN: Mala suerte.
AITANA: Es noche de encontrarla buena.
ALCIÓN: ¿Y de qué modo, niña?
AITANA: Entre los tréboles del bosque.
ALCIÓN: Siempre les falta una hoja a los que encuentro.
AITANA: Hay que seguir buscando hasta cansarse.
ALCIÓN: Ayúdame tú, Aitana.
AITANA: Estoy dispuesta a hacerlo.
ALCIÓN: Vamos. Acércate. *(Intentando abrazarlo.)* Así.
AITANA *(conteniéndolo, suave)*: ¡Alción!
ALCIÓN: Perdona.
AITANA *(después de un corto silencio)*: Busquemos.
ALCIÓN: El mío debe encontrarse bajo el agua.
AITANA: ¿Qué me quieres decir?
ALCIÓN: Que algún día... iré a encontrarme con mi padre.
AITANA: Eso no, Alción.

*(Entra Martín.)*

MARTÍN: Noche nublada. Me perdí.
AITANA *(alegre)*:
　　¡Tin ton! ¡Tin tan!
　　¡Juntos los tréboles de San Juan!
MARTÍN: Como siempre, Aitana. ¿Y después, cuando nos casemos?
AITANA: ¡Juntos también, mi amor!
MARTÍN: ¿Tan juntos? Ya será más difícil.
AITANA *(riéndose)*: ¡Como las hojas del trébol florido!
MARTÍN: En cada una, un nombre...
AITANA: ¡Martín, Aitana y Alción!
MARTÍN: ...que la noche sólo desunirá...

*(Alción desaparece, sigiloso.)*

AITANA *(siempre alegre y buscando distraídamente por la yerba)*: ...para volver a juntarse en la mañana. Somos tres, y nos falta una hoja...

　　¡Tres eran tres las hojitas del trébol!
　　¡Tres eran tres y por una me muero!

Tenemos que buscarla, aunque sea con candiles. Hay que encontrar la suerte de este niño. Hay que ser dos y dos.
MARTÍN: Eso es, dos y dos, ¡y a vivir felices!
AITANA: No marchará esa rueda bien para nosotros. Tienes mala memoria, Martín.
MARTÍN: El viejo Sileno, aunque él jura que no, ya está ciego del todo. Entre eso y sus toneles... Un barril dormido.
AITANA: Cuando a mi padre se le monta el vino a la cabe-

za... Bien se conoce que no eres la hija del molinero. Entre los costales de harina tengo que defenderme. Luna llena parezco a veces cuando escapo corriendo de su estaca.

MARTÍN: Te meteré un día en una barca y... ¡Mar adentro! Se acabó. ¡A tierra firme, adonde yo te sienta segura, mía del todo, sin la pupila turbia y el olfato de ese viejo borracho sobre ti!

AITANA: Tienes mala memoria, amor. Queda la vieja Umbrosa. Se moriría sin su Martín, su lobito de mar.

MARTÍN: ¿Mi madre? Para eso tiene a éste... Su duermevela... su pasión. Barca nueva va a darle por el cumpleaños. *(Al descubrir que no está.)* ¿Se fue?

AITANA *(gritando)*: ¡Alción! *(Buscan.)* Se ha ido. Y sin decir nada.

*(Se sientan.)*

MARTÍN: ¿Qué le pasa a mi hermano? Anda sombrío, hosco.

AITANA: Nunca fue muy alegre.

MARTÍN: Pero tampoco triste.

AITANA: Desde que se empezó a hablar de la boda...

MARTÍN: Alguna vez tendría que ser. No es motivo de llanto.

AITANA: Temerá vernos menos, vivir más separados.

MARTÍN: Tienes la culpa tú. Lo has querido más de la cuenta. "Alción, sácame agua del aljibe. Alción, vamos a buscar nidos. Tráeme un pez azul, uno verde, otro rojo... ¡Alción, Alción!"

AITANA: Sí, pero luego los besos, los abrazos, los mordiscos de gatita montuna, ¿para quién eran, Martín?

MARTÍN: ¡Qué sé yo!

AITANA: Hazte ahora el desmemoriado, como siempre. Pero, ¿y aquello... bajo el olivo grande, di, di?

MARTÍN: Mi Aitana.
AITANA: ¡Pobre Alción!
MARTÍN: ¡Pobre, pobre! Pero llega el momento en que un hermano no puede acompañar a otro hasta el pie de las sábanas.
AITANA: Él no pretende eso. Está solo
MARTÍN: Mal de isla. Que busque mujer.
AITANA: ¿En dónde?
MARTÍN: ¡Qué sé yo! En tierra firme.
AITANA: Es difícil. ¿Por qué no fuiste tú a buscarla allí?
MARTÍN: Porque... porque la encontré aquí, al pie del aire de un molino. Aitana.
AITANA: Hoy es noche de clavarse las garras, Martín...
MARTÍN: Mi leona...

*(Se abrazan largamente, desuniéndose al sonido de un cuerno de caza y ladridos cercanos. Alción, disfrazado con máscara y piel de jabalí, aparece acompañado de dos Figuras, enmascaradas de perro lobo.)*

ALCIÓN:
    Noche de trébol y luna,
    noche de trébol florido.
    Busca el jabalí perdido
    el trébol de la fortuna.
    Y hasta el colmillo le duele
    de tanto amor sin amor.
FIGURAS 1 Y 2:
    ¡Trebolé, ay Martín, cómo huele!
    ¡Trebolé, ay Martín, qué olor!
AITANA *(palmoteando)*: ¡Ya te conozco, jabalí! ¡Bien que te vi hace poco los colmillos! ¡Sigue, sigue!
ALCIÓN:
    Muchacha de yerbabuena,

tú eres para mis congojas
un trébol de cuatro hojas
en un corazón de arena.
¡Que el viento no le congele
tanto amor a tanto amor!
FIGURAS 1 Y 2:
¡Trebolé, ay Martín, cómo huele!
¡Trebolé, ay Martín, qué olor!

*(Bailan.)*

AITANA *(cadenciosa)*: ¡Trebolé, hay Martín, qué olor! Es para ti la danza, Martín. ¡El trebolé del estribillo!
MARTÍN *(seco)*: Calla.
ALCIÓN:
Esta noche hasta los perros
al jabalí enamorado
le han mansamente dejado
trocar la mar por los cerros.
¡Que en sus guaridas no vele
tanto amor sin tanto amor!
FIGURAS 1 Y 2:
¡Trebolé, ay Martín, cómo huele!
¡Trebolé, ay Martín, qué olor!

*(Danzan, girando alrededor de* Aitana *y de* Martín.*)*

MARTÍN: Confianzudos andan los cabreros. Para embromar a Martín no hacen falta disfraces.
AITANA *(siempre alegre)*: En la noche de trébol todo está permitido, mi amor. La alegría corre suelta por los bosques.
MARTÍN *(amenazante)*: Pero para los perros extraños, el trébol puede convertirse en cicuta... y el jabalí que se enamora puede encontrarse al cazador.

*(De una manotada, le arranca a* Alción *la máscara y la piel, mientras las dos* Figuras *escapan aullando.)*

AITANA: ¡Alción!
MARTÍN: ¡Tú!
ALCIÓN *(con risa seca)*: Sí, yo, Martín.
MARTÍN *(con ira contenida)*: ¡Hermano!...
AITANA *(tomando a cada uno de la mano y girando con fingida alegría)*:
    ¡Tres eran tres las hojitas del trébol!
    ¡Tres eran tres y por una me muero!
Salió la luna, muchachos. Ya podemos correr por el bosque. Al que me encuentre, además de un abrazo, ¡albarcas de pita! *(Desapareciendo.)* ¡Por aquí, Martín! ¡Alción!

    ¡Al pino verde, al pino!
    ¡Más ligero que el aire del molino!

*(Corren, siguiéndola. Llegan al bosque rumores de fiesta lejana, ecos de cantos, zumbidos del mar. Beodo, y dándose, ciego, contra los árboles, entra el viejo* Sileno, *llevando en la cintura una bota de vino y en la mano un garrote.)*

SILENO: ¡Aitana! ¡Aitanita! *(Se da contra un tronco.)* ¡Oh! ¡Perra suelta para cien galgos! ¡Dejar solo a su padre en una noche de fiesta! A buen seguro que andas lagarteando entre los árboles y con ese Martín, hijo de esa pantera marina! ¡Lagarta, lagartijilla, lagartija, lagartona! ¡A tu padre, que fue también tu madre desde el mismísimo instante que a aquella horrible arpía se le reventó el vientre al soltarte en mis brazos. *(Golpea contra otro árbol.)* ¡Aitana! ¡Querida Aitana, niña mía, trébol florido! Yo te compré la primera chiva para que jugaras bajo el almendro. Yo te ayudé a sacar los primeros cubos de agua del aljibe. Yo te enseñé la flor del vino, el mosto fermentado, el vuelo del gavilán y el zorro que se roba las gallinas. ¡Ingrata! ¡Traidora! ¡Liebre perdida, huida, salida! ¡A tu padre, repadre, requetepadre!... *(Llora, callándose de pronto y escuchando con inquietud.)* ¿Quién se arrastra entre los lentiscos, aplastando los tréboles? ¿Qué víbora inflamada quiere morder a este pobre viejo? ¡Aitana! ¡Aitanita! ¿Eres tú, que intentas asustarme? Ven, ven. Dame la mano, hija preciosa... *(Seca y enlutada, entra* Umbrosa, *dándole una mano para levantarlo.)* Mano de pan, mano de harina. *(Besándosela.)* Manita de ingratitud, pero siempre dispuesta a ser la salvación de este viejo cegato. *(Ya levantado,* Umbrosa *le da un golpe en la cara.)* ¡Lobezna colmilluda! ¡Poner la garra en la cara sagrada del que te echó a esta isla! ¡Acércate y verás! *(Intentando correr, amenazante.)* ¡Hiena caliente! ¡Lagarta en celo! ¡Futura perra de pescador! *(Se vuelve a dar contra un árbol.)* ¡Oh! ¡Oh! ¡Oh!

UMBROSA: ¡Perra de pescador! ¡Conque perra de pescador! ¡Tonel sin fondo! ¡Toma! *(Dándole un golpe en la barriga.)* ¡En ese depósito de vino! *(Dos golpes más.)* ¡Por Martín! ¡Por Alción!

SILENO: ¡Pero si es Umbrosa! ¡Umbrosita!

UMBROSA: ¡Insulta a la gente de mar! ¡Anda, atrévete, barril agujereado, lagar andante!

SILENO: ¡Ja, ja, ja, ja! Pero Umbrosa, vieja Umbrosita, ¡si te estaba esperando, mi trébol de cuatro hojas! *(Ofreciéndole vino.)* ¡Bebe, bebe! Es noche de corazón borracho y luna marcada. ¡Un trago, mi furiosa consuegra! Seamos igual que toro y vaca por una sola vez.

UMBROSA: ¿Consuegra tuya yo? ¿Vaca yo de semejante buey

burriciego? Cuando los fríos calienten, cuando los calores sean fríos, cuando mis pechos vuelvan a ser arroyos...

SILENO *(amoroso)*: ¡Tus pechos! ¡Los hubiera yo conocido la vez que no quisiste! *(Buscándola para abrazarla.)* Espuma marinera, ven, ven hermosa... El vino se nos cuele por la sangre... Hoy somos dos muchachos... Se nos va a poner tan dulce, tan dulce, que de los labios van a volarnos abejas.

UMBROSA *(más suave)*: Si esta noche no fuera de alegría, te juro Sileno, que los pinos iban a rezarte un responso.

SILENO: Moriría entre tus uñas... como ahora lo estoy deseando... ¡Tregua, tregua por hoy! Los lagartos están dormidos... *(Veloz.)*

>El ruiseñor canta
>hasta quedarse sin garganta.
>Los peces saltan, marcados,
>y los gallos, enamorados.
>Hasta la mar embustera
>quiere volverse molinera,
>y la pantera pescadora,
>más vinícola que arañadora...
>¡Un trago, Umbrosita, por tus niños!

UMBROSA: Si es por mis niños, ¡venga!

SILENO: Luego, será por mí. Toma.

UMBROSA: ¿Por ti, damajuana rota? *(Bebiendo.)* ¡Por Martín... para que no se case con Aitana!

SILENO *(bebiendo ansioso)*: ¡Por Aitana... para que se case conmigo!

UMBROSA: ¡Blasfemo! Estás borracho.

SILENO *(siempre amoroso)*:
>¡Bebido, bebido!

¡Pero con el corazón herido!
Otro trago de miel, Umbrosa.
UMBROSA: Por esta noche sólo. Pero desde mañana, como siempre: ni los buenos días.
SILENO *(prendiéndola por la cintura mientras bebe)*: ¡Ji, ji! ¡Como siempre, resiempre! Siempre soñé con tu cintura. Y me la imaginé abrazada de uvas... de dos en dos, como bolas de vidrio... Y más arriba pensé que había racimos... verdes... duritos todavía... lustrosos...
UMBROSA *(alejándolo)*: ¡Ja, ja! Pero al despertarte se convirtieron en pasas. *(Ya borracha.)* Si te gustan las pasas, ven por ellas, Sileno.
SILENO *(buscándola)*: Tengo poder para volvértelas redondas nuevamente, Umbrosita...
UMBROSA: Soy también perra de pescador. Te morderé, Sileno, si me buscas. Mira qué dientes: uno, dos, tres, cuatro... Mira qué colmillos: dos, pero como cuchillas.
SILENO *(dando tumbos)*: Muérdeme, muérdeme, vieja maldita, trébol arrugado... algarroba seca, reseca, cáscara de avellana pelada, pisoteada y estrujada... *(Se da contra otro árbol, cayéndose sentado.)*
UMBROSA: ¡Ja, ja, ja! ¡Por chivo barbón, por chivo barbón!
SILENO *(lloroso)*: Umbrosa querida... Una mano a tu chivo amantísimo. Una manita, perra...
UMBROSA: ¡Que te ayude el diablo con cara de conejo!
SILENO: ¡Umbrosa! ¡Umbrosita!

*(Se marcha, sigilosa, entrando* Aitana *por el lado contrario, disfrazada de árbol.)*

AITANA *(gritando, sin ver a su padre)*: ¡Por aquí! ¡Por aquí!

Sileno: ¿Por qué gritas, vieja ballena? Levántame y prémiame con un besito. Hagamos las paces, Umbrosa.

Aitana *(fingiéndose* Umbrosa*)*: Me da lástima ver. Un tonel caído. ¡Vamos!

Sileno *(levantándose)*: ¿Por qué me das ramita y no manita, zorra playera? ¿Tienes miedo a incendiarte? *(Aitana suelta una carcajada.)* ¿De quién es esa risa, Umbrosa? ¡A ver, a ver! Ven que te toque, escorpión... *(Tocándola por todo el cuerpo, mientras Aitana aguanta la risa.)* Te has vuelto áspera y picuda, como erizo... Pinchas por todas partes. ¿Qué es esto? Guíame la mano a tu carita, que me cerciore... ¡Diablo! Tienes nariz de espino... Me he hecho sangre. ¡Diablo!

Aitana *(rompiendo a reír)*: ¡Sileno, viejo Sileno! Dios castiga por querer a sus años buscar lo que no debe...

Sileno: Ya iba pensando yo que no eras Umbrosa. No sé quién eres, niña. ¿Eres fiera pinchuda o rosal espinudo? Me has herido...

Aitana: ¿Y qué hace usted a estas horas por el bosque?

Sileno: Busco.

Aitana: ¿Amor?

Sileno: Busco un trébol de cuatro hojas. Pero veo que tú no lo eres, porque espinas.

Aitana: ¿Y cómo solo, señor Sileno?

Sileno: ¡Ay, ay!

Aitana: ¿Qué son esos lamentos?

Sileno: Para mí es más bien noche de llantos. ¡Ay, esa hija perra!

Aitana: Muy pésima será cuando le da colmillos.

Sileno: ¿No la conoces, muchacha?

Aitana: De lejos.

Sileno: Así la hubiera querido ver yo siempre... No estaría como estoy, perdido entre estos árboles... *(Llorando.)* ¡Aitana, querida Aitana, moriré al alba en el rocío, y tú ni serás capaz de poner velas negras al molino, ni de estrujar racimos moscateles sobre la tumba de tu padre!

AITANA: Por lo que la quiere, esa Aitana debe ser un monstruo.

SILENO: Más que monstruo, muchacha o lo que seas... Dicen que es noche de alegría, por eso no te cuento... *(Pausa ligera.)* Soy capaz de matarla.

AITANA: ¡A su propia hija! ¡Qué crimen!

SILENO: No se casará con ese pescador. A la hija de un molinero nada se le ha perdido en el agua.

AITANA: Pero si ella le quiere...

SILENO: Le quiera o no le quiera... Da lo mismo... *(Siempre beodo, pero fatigado.)* ¡Aitana! ¡Aitanita! ¿Verdad que no dejarás solo a tu padre, que es tu padre y tu madre, remadre, requetemadre, lo único que tienes, has tenido y tendrás en la vida, revida, requetevida?

AITANA: ¿Para qué hacerse mala sangre, viejo?

SILENO: No, no la perderé... Mi trébol florido...

AITANA: ¿Y no le parece, señor Sileno, que por esa hija perra lloraría mejor en su molino y no aquí, solo, expuesto a las malas sorpresas de la noche?

SILENO: Eso iba a pedirte, niña: que me acompañaras...

AITANA: En seguida... Hasta la salida del bosque.

SILENO *(amoroso)*: Acércate. Tiéndeme una de esas guirnaldas que tienes por mano... Te huelo, pero no te veo.

AITANA *(tendiéndole una punta espinosa)*: Agárrese fuerte, pues vamos a ir de prisa.

SILENO: Me pinchaste otra vez, bruja.

AITANA: Ruegue a Dios por que los pinchazos no se conviertan en paliza.

SILENO: ¿Qué dices, arbolillo precioso de alfileres?

AITANA: Que a su hija le gustan los pescadores.

SILENO: Ya lo creo, como perra que es.

*(Van caminando, lentos, dando vueltas a la escena.)*
AITANA: Tenga cuidado no le arranque una oreja de un mordisco.
SILENO: Hablas como si la conocieras de cerca.
AITANA: Y tan de cerca.
SILENO: Dijiste que de lejos.
AITANA: Eso fue antes.
SILENO: ¿Te burlas de este viejo cegatón?
AITANA: Estoy por castigar a un mal padre borracho.
SILENO: Eso a ti no te toca. Que lo haga su hija.
AITANA: Ella es quien sólo puede hacerlo. ¡Y ahora mismo! *(Golpeándolo y tirando de él.)* ¡Tome! ¡Tome!
SILENO: Pero Aitana, ¿eres tú, Aitana? ¡Aitanita!
AITANA: ¡Tome! ¡Para que diga mal de los pescadores! ¡Para que no deje casarme! ¡Por Martín! ¡Por Alción! ¡Por los marineros vivos y por los que están ya con los peces!
SILENO: ¡Ay, ay! Todos mis tréboles me pegan esta noche. ¡Aitana! ¡Aitanita! ¡Leona!
AITANA: ¡A dormir al molino, padre! ¿No se le cae el alma de vergüenza?
SILENO: ¡Reja con púas! ¡Manojo de clavos! ¡Cepillo de alambre! ¡Me vengaré, pero con venganza de padre pisoteado!
AITANA: ¡Vamos! ¡Vamos!
SILENO: ¡Aitana, amor!
AITANA: Va usted a ver amor esta noche.
*(Salen. Martín entra por el fondo.)*
MARTÍN *(buscando)*: ¡Aitana!
VOZ DE ALCIÓN: ¡Aitana!
MARTÍN: ¿Eres tú, Alción?
ALCIÓN *(ya en escena)*: Sí, yo, Martín.
MARTÍN *(con intención)*: ¿Buscabas a Aitana?
ALCIÓN: Como tú, hermano.
MARTÍN: ¿Esperabas el premio?

ALCIÓN: ...y las albarcas de pita. Es lo prometido.
MARTÍN: Un marinero como tú las necesita de madera.
ALCIÓN: Tú también eres pescador.
MARTÍN: Lo era.
ALCIÓN: Reniegas del agua.
MARTÍN: Ya es hora de que duerma abrigado.
ALCIÓN: Eso quisiera siempre la gente de mar.
MARTÍN: Hay que conseguirlo, buscándolo.
ALCIÓN: Eso hacía.
MARTÍN: ¿Dices?
ALCIÓN: Nada, hermano.
MARTÍN: Alción, contéstame.
ALCIÓN: Habla.
MARTÍN: ¿Por qué andas tan callado?
ALCIÓN: Ni yo mismo lo sé, Martín.
MARTÍN: Es necesario que lo sepas. Te lo mando.
ALCIÓN: Me marcharé lejos: mar adentro. A otra isla.
MARTÍN: Te ordeno que me lo digas.
ALCIÓN: No volveréis a saber de mí.
MARTÍN: ...Es que quiero oírlo de tus labios.
ALCIÓN: ...Madre se quedará sola.
MARTÍN: Vas a confesármelo ahora mismo.
ALCIÓN: Creerá que me he ahogado, como padre.
MARTÍN *(amenazante)*: Ahora mismo. Di, di.
ALCIÓN: ...ahogado, como padre.
MARTÍN: Habla, Alción, habla
ALCIÓN *(sereno)*: Estás loco, Martín.

(*Entra* Aitana *aún disfrazada de árbol, acompañada de dos* Figuras, *enramadas también de lo mismo.*)

AITANA:
    Vengo buscando una mata de trébol,
    vengo buscando una mata de amor.

FIGURAS 1 Y 2:
>Si no la encuentras al borde del agua,
>es que la tienes en el corazón.

AITANA:
>Tengo los brazos de ramas,
>de ramas tengo el cabello,
>de hojas verdes la cintura.
>Con el aire tiemblo.
>¿Quién me calma este temblor?
>Vengo buscando una mata de trébol,
>vengo buscando una mata de amor.

*(Se agitan como movidos por el viento.)*

MARTÍN: Puedes escoger. Aquí tienes dos tréboles de la misma sangre.

AITANA:
>El árbol, cuando se mueve,
>vacila en su pensamiento.
>Vuelo a un lado, vuelo al otro,
>sin saber qué quiero.
>Mi volar es mi dolor.

FIGURAS 1 Y 2:
>Dadle a la brisa una mata de trébol,
>dadle a la brisa una mata de amor.

MARTÍN *(señalando a su hermano)*: Llévate a éste. Es el más joven.

AITANA:
>Las hojas se me consumen
>en un fuego y otro fuego.
>Sopla, viento, a la derecha;
>a la izquierda, viento.
>Apaga, viento, este hervor.
>Vengo buscando una mata de trébol,
>vengo buscando una mata de amor.

Figuras 1 y 2:
> Si no lo encuentras al borde del agua,
> es que lo tienes en el corazón.

*(Se balancean alrededor de* Alción y Martín, *desapareciendo después las dos* Figuras.*)*

Martín: A mí me gusta que los árboles sepan bien de qué lado se mueven.
Aitana: Es imposible eso. El viento sopla en todas direcciones.
Martín: Sería mucho mejor que sólo fuera en una.
Aitana: Pídaselo, a ver si le obedece.
Martín: Podría suceder que sí.
Aitana: Temo que no le hiciera caso. *(A Alción.)* Quizás si lo intentara este otro...
Martín: ¿Y por qué? ¿Es que acaso el mayor vale menos?
Aitana: Porque los árboles enmudecen, de pronto, y como éste no habla mucho...
Alción: Siempre es mejor callarse.
Aitana: Si lo hace por tristeza... Noche es de todo lo contrario.
Alción: Para mí, no, Aitana.
Aitana: Pues para mí, sí, Alción. *(Se desenmascara, riendo.)* Sois malos buscadores en tierra. Como ninguno me encontró, ¡venga, vamos, para los dos el premio! ¡Un abrazo, Martín! ¡Otro para ti, niño! Y mañana, ¡las albarcas de pita!
Martín *(serio)*: Basta. Ni en esta noche quiero burlas. ¿Me oyes?
Aitana: Hasta que apunte el sol se puede. Iremos en la barca para verlo salir.
Martín: No será Martín quien te acompañe.
Aitana: ¿Qué te mordió, que andas tan bronco? Nunca te he visto así.

MARTÍN: Que te acompañe éste.
AITANA: Como el año anterior, y el otro y el otro... Con los dos. ¡Vamos!
MARTÍN: Has hecho hoy lo que me negaste tantas veces: dejar al viejo Sileno solo toda la noche. Te molerá a la vuelta, pero no con la rueda del molino, sino a palos.
AITANA: ¡Ja, ja! A estas horas va navegando por un río de vino. Por aquí andaba, bamboleándose, y lo acompañé a casa.
MARTÍN *(iniciando la salida)*: Entonces...
AITANA: ¿Entonces?...
MARTÍN: ...Que tiene muchos años para dejarlo solo.
AITANA *(seca, y saliendo con su novio)*: Está bien, Martín. Vamos.

*(Se van.)*

ALCIÓN *(quitándose la blusa y arrollándola como almohada al pie de un tronco)*:
    Mañanita de San Juan,
    cayó un marinero al agua.
    ¿Qué me das, marinerito,
    por que te saque el agua?
*(Se tumba, mientras continúa el recitado, cada vez con más voz de sueño.)*
    –Doyte todos mis navíos,
    cargados de oro y plata.
    –Yo no quiero tus navíos
    ni tu oro ni tu plata.
    Quiero que cuando te mueras
    a mí me entregues el alma.
    –El alma la entregó a Dios
    y el cuerpo a la mar salada.

(*Entran* Tres Ancianos, *con aspecto de pobres pescadores vagabundos, cada uno llevando al hombro unas alforjas. Buscan, lentos y encorvados, por la yerba.*)

ANCIANO 1: Hace ya muchos años que busco, pero no encuentro.
ANCIANO 2: Y yo también.
ANCIANO 3: A mí me sucede lo mismo.
ANCIANO 1: La tierra nunca dio su trébol para nosotros.
ANCIANO 2: Si los hubiera en el fondo del mar...
ANCIANO 3: Hay muchos que sin quererlo, allí los hallaron.
ANCIANO 1: Y, sin embargo, busco, busco siempre esta noche hasta el alba.
ANCIANO 2 (*dejando las alforjas para sentarse, mientras los otros hacen lo mismo*): Un alba, ya no nos encontraremos más en este bosque.
ANCIANO 3: Faltará uno, faltará el otro...
ANCIANO 1: ¿Qué va a hacer el último que quede?
ANCIANO 2: Ése será quizás quien lo halle al fin...
ANCIANO 3 (*al irse a sentar*): Aquí hay un muchacho dormido...
ANCIANO 1: Algo encontramos.
ANCIANO 2: Quizás su mala suerte sea como la nuestra.
ANCIANO 3: Pertenece a la mar.
ANCIANO 1: Cosa triste.
ANCIANO 2: Cuando se es joven no duerme uno en los bosques...
ANCIANO 3: Eso supone soledad, desgracia.
(Alción *se mueve, despertando.*)
ANCIANO 1: Va a despertarse.
ANCIANO 2: No, lo hemos despertado.
ALCIÓN (*débilmente*): Aitana.
ANCIANO 1 (*bajo, a los otros*): Mala suerte.
ALCIÓN: Abuelos...

ANCIANO 3: ¿Decías algo?
ALCIÓN: Quizás.
ANCIANO 1: Podemos aconsejarte.
ALCIÓN: Vais a decirme que no.
ANCIANO 2: A lo mejor es que sí.
ANCIANO 3: Pregúntanos.
ALCIÓN: Me da miedo.
ANCIANO 1: Yo te lo diré: estás enamorado.
ALCIÓN: No es eso lo triste.
ANCIANO 2: Ya es bastante.
ANCIANO 3: Sabemos el nombre.
ALCIÓN: ¿Por quién?
ANCIANO 1: Por ti mismo. Aitana.
ALCIÓN: La que quiere mi hermano.
ANCIANO 2: ¡Horror!
ALCIÓN: Ya sé vuestro consejo.
ANCIANO 3: No corras.
ANCIANO 1: ¿Y ella?
ALCIÓN: Va a casarse con él.
ANCIANO 2: ¿Del todo?
ALCIÓN: A lo mejor, no.
ANCIANO 3: ¡Ves tú!
ALCIÓN: ¿Qué me queréis decir?
ANCIANO 1: Las cosas no están claras.
ANCIANO 2: Se mueve el árbol a un lado y al otro.
ANCIANO 3: Y nadie sabe aún de dónde sopla el viento.
ALCIÓN: Martín.
ANCIANO 1: ¿Qué murmuras?
ALCIÓN: Mi hermano.
ANCIANO 2: Los viejos sabemos de esas guerras.
ANCIANO 3: No sufras.
ANCIANO 1: Por sufridos, míranos aquí ahora, con un saco vacío por toda fortuna.
ALCIÓN: Entonces, ¿cuál es vuestro consejo, abuelos?

ANCIANO 2: Va a romper el alba.
ANCIANO 3: Se va la noche de la suerte.
ANCIANO 1: Hay que decidirse, con un poco de luna.
ANCIANO 2: Después de salido el sol, no habrá tiempo.
ANCIANO 3: Las decisiones ya no valen.
ALCIÓN: ¿Qué hacer?
ANCIANO 1: Que el viento sople de tu lado.
ANCIANO 2: No olvides que eres pescador...
ANCIANO 3: ...acostumbrado a hacerte con la mar.
ALCIÓN *(alegre)*: ¡Aitana!
ANCIANO 1:
    ¡El trébol será tuyo! Adiós.
*(Se van, cada uno por su lado, las alforjas al hombro. Crece la claridad. Dentro, lejano, suena el estribillo:*

    ¡Trebolé, ay Jesús, cómo huele!
    ¡Trebolé, ay Jesús, qué olor!

*(Alción, silbando, lo sigue. Entra Umbrosa.)*

ALCIÓN: ¡Madre!
UMBROSA: Martín hace ya tiempo que duerme.
ALCIÓN: Yo velo, madre. Es noche de alegría.
UMBROSA: Está saliendo el sol.
ALCIÓN *(corriendo hacia el fondo y gritando)*: ¡Venga conmigo a verlo desde las barcas!
UMBROSA *(siguiéndolo, pensativa)*: Este hijo, este hijo...

*(Desaparecen. Luz de día. Ecos finales de los cantos.)*

## TELÓN

# SEGUNDO ACTO

*En lo alto de una colina escalonada, por la que suben veredas amarillas, bordeadas de olivos y viñedo, se ve la casa de* Sileno, *molino velero de grandes aspas. Pozo a uno de los lados, contra el cielo brillante de un celeste marino. Pitas, chumberas, por los terrenos duros, agrios, de sol. Abajo, en primer término izquierda, el comedor de la casa de* Umbrosa: *ventana al fondo, puerta lateral y puerta al campo.*

*A la vera del molino, durmiendo, está sentado* Sileno, *envuelto en mantas y con su garrote.* Aitana *entra y sale, preparando una artesa para amasar harina.*

*Abajo, a la puerta de su casa,* Umbrosa, *tejiendo redes.* Martín *atraviesa el comedor y sale al campo, sin ver a su madre.*

Umbrosa: Así se van los hijos al campo...
Martín: No la había visto, madre. *(Siguiendo.)* Que las recosa bien...
Umbrosa: Martín.
Martín *(volviendo la cabeza)*: ¿Decía usted?
Umbrosa: Que las redes son nuevas.
Martín: Mejor para Alción. ¿Quería algo?
Umbrosa: Nada, hijo.

*(*Martín *desaparece por entre los olivos.* Umbrosa *lo sigue con la vista. Luego, suspira, volviendo a su trabajo.)*

Sileno *(bostezando, con ruido)*: Pues sí, niña, pues sí... Muy malo, muy malito, pero que verdaderamente muy malito. A las puertas de la muerte... ¡Brrrrr! Oigo cómo rechinan... Sería un crimen, un crimen completo. Un parricidio, hija.

Aitana *(amasando la harina)*: ¿Me dejará amasar tranquila, padre? *(Canturreando.)*
    Vengo de moler, morena,
    de los molinos de en medio.

Sileno: A media noche, siento a veces como si un cangrejo peludo se me agarrara al esternón... Mira, aquí... Un sitio peligroso... y me subiese despacito a la garganta para ahogarme.

Aitana: ¡Uf! ¡Qué miedo! *(Vuelve a empezar la copla, sacando agua del pozo.)*
    Vengo de moler, morena...

Sileno: Oye a tu padre, descastada. Cuando habla un pobre viejo enfermo, se le escucha, se le respeta. Bajo tierra, los buenos padres siguen sufriendo mucho por las perradas de los hijos. Que yo no tenga que retorcerme en mi caja, llorando: ¡Aitana, por tu reculpa no puedo ahora descansar! ¡Ay, ay!

Aitana: Bien redondo y hermoso que está. Más que la rueda del molino. Va a resultar difícil encontrarle ataúd que le venga.

Sileno: ¡Que me dejes hablar, irrespetuosa! Te decía que hay un cangrejo que se me sube aquí y me aprieta, me aprieta, hasta morderme el habla. Entonces sudo por gritar: ¡Aitana, niña! ¡Socorre pronto a tu padre! ¡Defiéndelo de este demonio, mira que lo estrangulan! Pero el monstruo peludo me sigue atenazando con sus patas, atenazando, atenazando...

Aitana *(burlona)*: ...hasta que usted se ahoga, se muere,

se muere, dejando huérfana y abandonada a su pobre hija...

SILENO: No es cosa de reír. La muerte me asusta.

AITANA: Pues yo le juro que la esperaré cantando. *(Canta.)*
   ...duermo con la molinera,
   ¡olé, olé!,
   no se entera el molinero...

SILENO: ¡Niña!

AITANA: ¡Déjeme siquiera acabar la copla, padre!

SILENO: No y no.

AITANA: ¿Son manías del delirio? La he cantado mil veces.

SILENO: Mal hecho. Tengo remordimientos de conciencia.

AITANA: ¡Ja, ja!

SILENO: Es indecente. No me gusta.

AITANA: ¿Qué novedad es ésa, señor padre?

SILENO: Un enfermo no puede oír ciertas cosas.

AITANA: ¿Un enfermo? ¿Pero lo dice de verdad? Corro en seguida por la costurera. ¡Verá qué saya negra, qué manto, qué hija llorosa y enlutada!

SILENO: Sí, sí. Un enfermo que necesita muchos cuidados.

AITANA: ¡Quéjese ahora! ¡Ande! ¡Atrévase!

SILENO: Tengo motivos.

AITANA: Si no visitara tanto la bodega...

SILENO: Te prometo no visitarla más...

AITANA: ¡A los sesenta y tantos años! Tarde es ya para esa promesa.

SILENO: Te digo que no. Es el momento, precisamente. Pero necesito de mi Aitana.

AITANA: ¿Y no me tiene usted acaso?

SILENO: Sí y no.

AITANA: Hable claro. *(Sileno no contesta. Encogiéndose de hombros, termina de cantar.)*
   ...no se entera el molinero
   ¡Que vengo de moler, morena!

(*Abajo,* Umbrosa *entra en la casa. Con sigilo, separa un poco la cortina del lateral izquierdo, preguntando:* "¿Duermes, Alción?" *Luego, vuelve a su trabajo.*)

SILENO: Tú no querrás, Aitana, que se muera tu padre.
AITANA: Con él he vivido siempre. ¡Qué desgracia sería!
SILENO: ¡Qué hija modelo tengo! Ya la veo llorando más que el mar. Ya me la veo poniendo crespones a las aspas y enlutada a la puerta del molino, suspirando con el aire: *(Farsante.)* "¡Ay, mi padre, mi padre! ¡Cuánto lo hice sufrir en vida! Lo engañaba, dejándolo solito las horas muertas del día y de la noche. Le rociaba el vino con agua del pozo, hasta dejárselo blanco, aprovechándome de su ceguera. No le di los cuidados que él se merecía. En vez de dedicarle todos los minutos de mi existencia, me iba a lagartear por entre los olivos y los pinos. ¡Ay, ay, qué arrepentida estoy! ¡Pobrecito! Me araño. Me escupo. Me arranco los cabellos. Quiero también morirme. *(Arrodillándose.)* ¡Padre! ¡Padre mío, resucite! Que yo pueda recibir su perdón. Mire a su indigna hija arrodillada, besándole esas frías manos que tanto trabajaron por ella. Perdón para Aitanita, que sólo ha sido suya y le promete seguirlo siendo siempre. ¡Ay, ay, ay!"
AITANA *(que lo ha estado escuchando con indignación creciente)*: Calenturas tercianas van a darme de oírle. Ya sé muy bien a dónde va a parar con todo ese duelo. Pues sepa una vez más que no, que no será como usted se figura...

(*Abajo,* Alción *sale de la alcoba y abriendo la ventana del comedor, mira pensativo, silbando bajo y entrecortado.*)

SILENO: ¿Y qué te figuras tú que yo me figuro? No corras tanto, perrita perdiguera.

AITANA: Su manía de siempre. Ya usted sabe.

SILENO: ¿Ves cómo te equivocas? El viento va para otro sitio.

AITANA: Amaneció usted algo raro.

SILENO: Como que estoy muy grave... y sueño cosas negras.

AITANA: ¿No es que andará demasiado lejos de la bota?

SILENO: Mírala en ese clavo, acompañándome. Aunque tome un traguito, si es que no eres tan tirana, he decidido que mi alma llegue allá arriba en buen estado.

AITANA *(dándole la bota)*: Tome, para que no me llame mala hija.

SILENO: ¿Sabes? Quiero llamar la atención allá en lo alto. Que pregunten al verme: "¿De quién es este alma tan serena?" Y me la nombren guardiana de las viñas del cielo. *(Ríe.)*

AITANA: Terminará usted por hacerme llorar, por conseguir que este pan que trabajo salga amasado en lágrimas.

SILENO: Al revés, mi lucero. Puedes sacar cantando agua del pozo y mover los olivos para que píen los pájaros. No es cosa de llantina lo que voy a decirte.

AITANA: De usted sólo estoy acostumbrada a esperar garrotazos, insultos o... En fin, que no le creo.

SILENO: Te digo que puedes echar a vuelo el carrillo del pozo... Ven para acá, mal pensada, ariscona.

AITANA: Estoy a punto de creerle un buen padre.

SILENO: Canta, canta, Aitanita.

AITANA *(corriendo a arrodillarse ante* Sileno*)*: Dígamelo al oído, que sea un secreto entre los dos. Luego, vendrán los cantos.

SILENO *(tomándole la cabeza)*: Puede ser que me muera, hija. Escucha: sólo son tres palabras. *(Le habla en secreto al oído.)*

AITANA *(dando un brinco)*: ¡Padre! ¡Pero padre! ¿Quién le conoce? Deme un beso. ¡Otro! Un abrazo. Otro beso.

¿Qué le pasa a usted hoy? ¿Qué paloma del cielo le bajó al corazón?

SILENO: Sí, quiero que me lo traigas al molino. Tengo que hablarle.

AITANA: Me gustaría saltar como las cabras, topar en los olivos, tirarme al pozo de alegría.

SILENO: Mi Aitana, ya tranquila, me cuidará mejor con su marido. Y así, cuando reviente, ella me cerrará el ojo izquierdo y Martín el derecho. Puedes ir a buscarle cuando quieras.

AITANA *(enharinando a carcajadas la cara de Sileno)*: ¡Viva este padre, repadre, requetepadre!

SILENO *(defendiéndose)*: ¡Aitana! ¡Demonia! Más respeto.

AITANA: Me pondré el mejor traje, la saya más florida para traerle.

*(Entra corriendo en el molino.)*

SILENO *(persiguiéndola, en broma con su tranca)*: ¡Ven para acá, lagarta! ¡Demonia! ¡Hermosura!

*(Entra, también.)*

UMBROSA: ¿Estás ahí, Alción?

ALCIÓN: Acompañándola.

UMBROSA: Como no te sentía... Pensé que te habrías ido por la puerta del corral.

ALCIÓN *(asomándose al campo)*: Ya sabe usted que cuando estoy en tierra salgo poco.

UMBROSA: Lo contrario a tu hermano.

ALCIÓN: Él tiene adonde ir.

UMBROSA: Ojalá volviera a la mar... Ésa sería su mejor distracción.

ALCIÓN: A la mar le sobra conmigo. Martín tiene novia y va a casarse.

UMBROSA: ¿Acaso yo no soy viuda? El que fue mi novio está ya... en donde debía.

ALCIÓN: ¿Para qué más ahogados en casa?

UMBROSA: No es que yo quiera eso. Pero ahora lo prefiero a lo otro...

ALCIÓN: Es usted demasiado dura con Aitana... Siempre anduvimos juntos.

UMBROSA: Quizás más de la cuenta. No quiero nuera molinera ni ser consuegra de un borracho. Ni en la familia de tu padre ni en la mía hubo mujeres que no fueran del mar. Todas hijas de pescadores.

ALCIÓN: Pues me parece que va a romperse el hilo.

UMBROSA: Ave en corral extraño.

ALCIÓN: No seré yo quien oiga el cacareo. No me tira la tierra.

UMBROSA: Así hablaron siempre los hombres de esta casa. Se me nublan los ojos al oírte.

ALCIÓN: ...Pero Martín vivirá con Aitana en el molino.

UMBROSA: Si llegara a casarse, que lo tenga por seguro. Estoy acostumbrada a las noches sin nadie. El viento, a veces, es mejor compañía.

ALCIÓN: Alguien habrá que repita su nombre para que él se lo traiga.

UMBROSA: Así lo espero. *(Pausa ligera.)* Mira, estas redes son para ti.

ALCIÓN: Madre.

UMBROSA *(levantándose y mirándolo fija a los ojos)*: ¿Es verdad eso que me has dicho?

ALCIÓN: ¿El qué, madre?

UMBROSA: Que *esto* no te tira, que aquí en la tierra nada se te ha perdido.

ALCIÓN: Creo que no le miento, aunque a veces... Perdón.

Umbrosa: ¿Qué tengo yo que perdonarte?
Alción: Cosas involuntarias.
Umbrosa: ¿Estás triste, hijo? Dímelo a mí. No tengas miedo.
Alción: Quiero marcharme pronto.
Umbrosa: Para tu cumpleaños tendrás barca nueva.
Alción: ...que se llamará "Umbrosa". ¡Y bien velera que va a ser!
Umbrosa: Llámala algo más alegre. Mi nombre anuncia tormenta.
Alción: Es el único nombre que siempre me acompaña.
Umbrosa: ¡Ojalá nunca se te cambie por otro!
Alción: Así será, madre.
Umbrosa: Tengo orgullo de ti, muchacho.

(Umbrosa *recoge las redes, entrando, mientras* Alción *queda pensativo unos instantes en el umbral de la puerta, retirándose luego también.* Aitana, *muy compuesta y alegre, sale del molino. Sol de siesta.*)

Aitana *(canturreando)*:
    Tiene la molinera
    lindos colores,
    que al arrebol comparan
    los pescadores.
Martín *(saliendo de detrás de unas pitas cercanas al pozo y siscando)*: ¿A dónde va tan compuesta la molinera?
Aitana: ¿De dónde sale mi Martín pescador? A verte iba y, luego, al pueblo.
Martín: Muy contento va el aire del molino.
Aitana: Como que vengo de amasar trigo nuevo... Hasta los hombros me he llenado de harina.
Martín *(deteniéndose bajo un olivo)*: ¡Aitana! Ven. No sigas. Hueles a pan. Toda tú eres como de corteza

dorada al horno. Me parece que ardes en este sol de la siesta. Siéntate. ¿Tenías prisa?

AITANA *(sentándose)*: La de encontrarte solamente.

MARTÍN: Quema la tierra. Tócala. El mar nunca se pone así. Por eso yo quiero a la tierra, porque es igual que tú.

AITANA: Pero, mira... *(Tomándole una mano y pasándosela por las yerbas secas.)* También hiere... Está llena de púas, como erizo.

MARTÍN: Así os quiero a las dos.

AITANA: Pero cuando te clavas, gritas, aúllas... Y entonces eres peor que el viento sur.

MARTÍN: Arisca y con agujas, como las pitas y los cardos. Eso eres tú. Y así te adoro, aunque se me aborrasque la sangre cuando pinchas. Pero ya les remacharé las puntas a esos clavos.

AITANA: No hará falta, Martín. También la tierra tiene cosas dulces. Mira esas viñas moscateles.

MARTÍN: Cuando me veas amargo, apriétame un racimo contra los dientes... Me corre por las venas demasiada agua salada. Necesito que tú la endulces un poco. ¿Tardará eso mucho todavía?

AITANA: Puede que mucho todavía, Martín.

MARTÍN: Acabaré por hacer lo que no quisiera.

AITANA: No me culpes, amor. Es el viejo, como tú sabes. Cada día más loco. Odia al mar. Lo odia con encono. Ya ni quiere comer pescado, ni oír el oleaje. Se tapa los oídos, cuando resuena el viento. Y me mata llorando que va a morirse, que está malo, malito... aunque veo que el vino le alarga la vida.

MARTÍN: ...lo que no quisiera... ¿Me entiendes? Eso haré.

AITANA: Yo soy lo único que tiene. Hay que esperar. Aitana no es capaz de matar a su padre, abandonándolo.

MARTÍN: Las noches son demasiado largas. Esperar tantas

horas con los ojos abiertos... Convéncele, Aitana. Suplícale.

AITANA: Cardenales y verdugones tengo ya en todo el cuerpo por pedírselo.

MARTÍN: A veces pienso que me engañas; que eres tú quien prolonga esta fatiga, esta muerte. Aitana: dime la verdad.

AITANA: Ya saltó el agua amarga.

MARTÍN: Tiene más que motivos para que no sea dulce. Desde que se empezó a hablar de la boda...

AITANA *(con enojo)*: Y lo que se hablará todavía.

MARTÍN: Va a erizarse el erizo.

AITANA *(amorosa y confidencial)*: ¿Se queja mi Martín de las siestas en el granero? ¿Olvida mi Martín las noches en las dunas, nuestra casilla de retamas y juncos?

MARTÍN: ¡Aitana! Sueño con sábanas tranquilas, con tu calor diario. Quiero que te despiertes sosegada, sin sobresalto, sabiendo que respiro junto a ti y que estoy en tu cama como sobre un pedazo de tierra propia, de tierra de los dos, de la que nadie puede echarnos.
*(Umbrosa sale al comedor, arreglándose un poco ante el espejo para disponerse a salir.)*

AITANA: Yo también sueño así. Y muchas noches siento que el otro lado de la almohada está tibio, suave, como si tu cabeza acabara de separarse de él. Pero, de pronto, suena la voz del viejo que me grita: "¡Aitana, perra! ¿Dónde andas? Seguramente con el hijo de esa pantera marina". Y ya el final del sueño son insultos y garrotazos.

MARTÍN: Desde esta noche cerroja bien la puerta y pon barras de hierro al cristal del ventano. Pero ni eso impedirá que me entre. Después... Yo conozco la mar y otras tierras.

AITANA: Me arrastraré y arañaré la cara hasta que lo convenza; pero dejarlo...

MARTÍN: Lo haré, Aitana, lo haré... ¡Pensar que a la otra orilla del mar hay lugares tranquilos, laderas de olivares que no han visto el mar!...

AITANA: No sé, Martín. Nunca he salido de esta isla. Sólo conozco el aire del molino. Yo quiero verte molinero, blanca la cara por el trigo molido y roja por la lumbre del horno.

MARTÍN: Sí, pero en otro sitio, lejos, muy lejos, adonde podamos echar a andar leguas y leguas sin encontrar el agua...

AITANA: Leguas y leguas... Y volver la cabeza y no ver esas aspas contra el cielo, ni esa cal ni ese pozo... Y empezaremos a llorar por los olivos y las viñas, por nuestro bosque de los tréboles, por las higueras... ¡Qué sé yo!

MARTÍN: ¿Qué más ramo de viña que tú? Tú serás todo eso donde estés, Aitana. Lo traerás contigo. Nada quedará aquí... ¿Comprendes?

AITANA: Sí, Martín, sí, pero...

MARTÍN: Descuida, que las uvas no perderán su amigo... Terminará durmiendo sobre una damajuana.

AITANA: Más respeto, Martín, más compasión.

MARTÍN: Ésa la guardo yo para otro.

AITANA: ¡Ten vergüenza!

MARTÍN: ...Para otro que tú conoces.

AITANA: ...y que es mejor que tú...

MARTÍN: ¡Aitana!

AITANA: ...y que lo aguantas en el alma, hincado, como una aguja de pita...

MARTÍN: Sigue mordiendo, que resisto.

AITANA *(levantándose, enfurecida)*: Perra me llama mi padre cuando bebe. Puedo morderte de verdad.

MARTÍN: Clávame esos colmillos... los adoro... y esas zarpas que escondes, leona.

AITANA *(bajando por las veredas)*: Cuida no te desgarre, Martín.
MARTÍN: Eso estoy deseando, fiera.
AITANA: Te despedazaré.
MARTÍN: Pero lejos de aquí.
AITANA: ¡Ja, ja!
MARTÍN: ¡Lejos de aquí!
AITANA: Antes me arrastrarás por las veredas.
MARTÍN: Quiera Dios que sea pronto, garduña.
*(Salen, persiguiéndose.)*
ALCIÓN *(asomándose por la ventana del comedor)*: ¿Salía usted, madre?
UMBROSA: A ver al carpintero de las barcas.
ALCIÓN: Dígale que aligere, que la gente de mar se impacienta en la tierra.
UMBROSA: Pierde cuidado, hijo.

*(Sale al campo, desapareciendo* Alción *de la ventana. Entra* Aitana, *cruzándose las dos mujeres.)*

UMBROSA: ¿De dónde viene la brisa loca del molino?
AITANA: ¿Adónde va la nube negra de la playa?
UMBROSA: ¿De molerle la sangre a mis dos hombres?
AITANA: ¿A descargar su furia contra ellos?
UMBROSA: ¡Aitana!
AITANA: ¡Umbrosa!
UMBROSA: Mala hija vas a ser mía.
AITANA: No va a serlo mejor la madre.
UMBROSA: ¡Salud al viento que te lleve!
AITANA *(fingiendo prisa)*: Antes la lleve a usted, señora suegra.

*(*Umbrosa *la amenaza con el puño, saliendo. Aitana corre, con sigilo, a casa de los pescadores.)*

AITANA *(golpeando, suave, contra el quicio de la puerta, que está abierta.)*: ¡Alción! ¡Alción! *(Entra con inquietud y desasosiego, buscando.)* ¡Alción! Soy yo. ¿Estás? ¿Por dónde andas?
ALCIÓN *(asomándose, con asombro, por la ventana)*: ¿Tú?
AITANA *(con fingida serenidad)*: Sí, yo. Y con prisa.
ALCIÓN *(retirándose de la ventana)*: ¿Y vienes sola?
AITANA: ¿Cómo quieres que venga? ¿Me prefieres con gente?
ALCIÓN *(ya en el comedor, intentando besarla)*: ¡Aitana!
AITANA *(separándolo, suave)*: ¡Vamos! ¡Pronto!
ALCIÓN: ¿Pero adónde, niña?
AITANA: ¿Adónde va a ser? ¡Al molino!
ALCIÓN: ¿Qué viento te hace girar hoy? ¿El de la locura?
AITANA: ¡A callar!
ALCIÓN: ¡Pero Aitana!...
AITANA *(sacándolo afuera de una mano)*: ¡Silencio, y cuesta arriba! Tú, por esa vereda, y yo por ésta.
¡Ligero, de prisa!
¡Tú como el aire y yo como la brisa!

*(Corren hacia el molino, cada uno por un lado.)*

AITANA *(gritando)*: ¡Padre! ¡Padre! A buen seguro que anda en la bodega. *(Oyéndosele gritar por dentro.)* ¿Por dónde está, que no le encuentro? ¡Padre! ¡Padrecillo!

*(Entra Sileno.)*

SILENO: ¡Sí, sí! Lo que te digo: una hija condenada, una lagarta sarnosa. ¡Dejarme sólo tanto tiempo! ¿Dónde has andado? ¿Por dónde, salteadora, trotaveredas?
AITANA: ¡Bien se conoce que ya no ve tres sobre un burro!

Basta de flores y de rabia. Mire. ¡Pero qué va a mirar si tanto vino le mareó los ojos hasta ponerle dos uvas negras en las niñas! ¡Vamos! Salúdelo. Ya está aquí quien usted quería. Dele la mano. *(Tomándole una.)* Tóquelo. Su trabajo me costó hoy encontrarlo. Tuve que ir más allá de las dunas.

SILENO: ¿A quién me traes, sinvergonzona? ¿Como te atreves a subir sola con hombres al molino?

AITANA: No estaba tan beodo cuando me lo pidió. Haga memoria.

SILENO: Ni con rabillos de pasa. Tú mientes, mentirosa. Quieres ponerme un cepo. Lo estoy viendo. Pero no me atraparás, como en el bosque de los tréboles. Ahí te quedas con tu insolente atrevimiento *(Vuelve la espalda para irse.)*

AITANA *(tirándole de un brazo)*: Pero si es Martín. No se vaya. Ha venido corriendo para abrazar a su padre. ¡A su padre, óigalo usted, que así será como lo llame desde ahora. (Alción, *desesperado, hace gestos de asombro.)* ¡Vaya hijo obediente! Puede estar orgulloso, señor mío. *(Haciendo señas a* Alción *para que siga el engaño.)* Vamos, Martín, abraza a un padre justo y convencido.

SILENO: ¿Qué nueva perrería me preparas, osada?

AITANA. ¡Por Dios! Un esfuercito más, padre. Recuerde. Fue usted quien me lo pidió al oído. ¡Perrería! No se haga usted el zorro ahora.

SILENO: Me tendré que sentar para pedir socorro a la memoria.

AITANA *(acercándole una silla)*: Bien. Bien. Siéntese. Y, ahora, pida que le socorra cuanto antes.

SILENO: Ven, memoria: acude a esta vieja cabeza pelleja, olvidada, desmemoriada y que no se acuerda de nada.

AITANA *(palmoteando, contenta)*: ¡Siga, siga!

SILENO: ...Ven y socorre a este viejo pellejo, cansado, desmemoriado y que de todo se ha olvidado...
AITANA: ¡Vamos, padre! ¡Adelante!
SILENO: ¡Ay, ay!
AITANA: ¿Pero qué le pasa de pronto?
SILENO: Que la memoria se ha ido; que no acude la muy desmemoriada...
AITANA: Se me ocurre una cosa. *(Golpeando la espalda de su padre.)* ¡Sube, memoria; sube a la cabeza de este viejo pellejo, que se quedará si no sin su hija, rehija, requetehija!
SILENO: ¿Sabes que empiezo a recordar? Golpea, hija, golpea. Aporréame la espalda, pero suavecito, que creo que la memoria me va remontando así poco a poco.
AITANA *(golpeando aún)*: ¡Tome, tome! ¡Y recuerde! ¡Vamos! ¡De prisa!
SILENO: Sí, sí. Pues empiezo a saber de que se trata..., aunque muy vagamente.
AITANA: ¿Quiere que le eche abajo la espalda y le haga arrojar el esternón? ¡Venga, venga, que puños no me faltan!
SILENO: ¡No, no! Espera un poco. Unos instantes. La memoria a mis años es dificultosa y majadera.
AITANA: ¡Unos instantes! ¡Sí! ¡Sí! ¡Unos segundos! ¡Aligere!
SILENO: ¡Calla, calla! Silencio, hija, que como ya es muy vieja le cuesta mucho llegar a la cabeza. *(Pausa, en la que adopta una actitud profundamente pensativa, rompiendo al fin con exagerado tono cariñoso.)* ¡Hijo mío! Perdona. He tardado algo en reconocerte. Abraza a un padre enfermo, a un, pobre anciano que se duele de no poder mirarte más que con las niñas del alma.
AITANA *(indicando a* Alción *que lo abrace efusivamente.)*: ¡Es mi Martín, mi Martín pescador, el nuevo aire del molino!

SILENO *(recibiendo el abrazo tímido de* Alción*)*: ¡Uf, uf! Hueles a mar, a peces muertos... Retírate, retírate... Muy cerca debe de andar rondándome la muerte, cuando empiezo a tener debilidades.

AITANA: Nada de muerte ni debilidades. Un buenísimo padre que ve en el corazón de su hija...

SILENO: No me gusta el pescado, niño. Con perdón. Te hablo como hombre que se crió entre el vuelo de unas aspas. Ni tampoco remar y, menos, esa maldita arena de la playa que se mete en las botas. Años enteros llevo ante esta puerta, de espaldas a ese mar que Umbrosa encuentra tan hermoso.

AITANA: A cada uno le gusta lo que le gusta.

SILENO: ¿Me dejarás hablar, gaviota de olivo?

ALCIÓN *(después de otras señas de* Aitana*)*: Vamos, no le interrumpas. Siga usted, Sileno.

SILENO: ...Decía, niño, que no aprecio tu oficio, pero... pero... que...

AITANA: Acabe de una vez, hombre. Dígale lo agradable, muéstrele usted el oro que atesora...

SILENO: ...pero que he decidido...

AITANA: No martirice más a mi Martín. Con la angustia ha perdido hasta el habla.

SILENO: Lo veo llorando ante mi caja... Debo andar muy malito.

AITANA: Mate ese cuervo que le ronda, padre, y termine.

SILENO: Si no me estuviera viendo entre cuatro cirios y con mis buenas matas de jaramagos sobre el pecho, creo que esta decisión no se me habría pasado por las telas del juicio. Pero es que ya dos manos no me bastan; necesito que sean cuatro las que me cuiden.

AITANA: Martín no puede más. Está llorando a chaparrones. Siga.

SILENO: ...he decidido que no se case...

AITANA: ¿Cómo?
ALCIÓN *(simultáneamente)*: ¿Qué?
SILENO: Vamos... que no contraiga matrimonio sin el permiso de su madre.
AITANA: ¡Aaah!
ALCIÓN *(simultáneamente)*: ¡Oooh!
AITANA: ¡Por fin! Sentí que las sienes me estallaban.
SILENO: Quiero bajar a verla. Sin su consentimiento no habrá boda.
AITANA: Eso es un padre justo. Sus dos hijos le abrazan *(arrodillándose)*, y de rodillas le suplican su bendición.
SILENO *(bendiciéndolos)*: Y que nadie se entere de que he perdido el juicio. Umbrosa sabrá esto por mí solo. Que me llame...
AITANA *(saltando)*: Hoy mismo, padre. ¡Un beso! ¡Vamos! ¡Otro, Martín!
SILENO: Cuando ella diga. Y vosotros, ya lo sabéis: ¡chitón!

*(Se va, riendo con malicia. Aitana suelta una carcajada, ante el espanto de Alción.)*

ALCIÓN: Aitana, ¿qué has hecho? ¿De quién te estás burlando?
AITANA: Alción, niño.
ALCIÓN: Me dan miedo tus cosas.
AITANA: El aire del molino va de prisa.
ALCIÓN: Tan ligero, que no sé lo que intenta.
AITANA: Ya lo irá averiguando el pescador.
ALCIÓN: Me dejaré llevar por él.
AITANA: Seguro de que te dejará en buena rama.
ALCIÓN *(acercándose al brocal del pozo)*: ¡Con tal de que no caiga sobre el brocal de un pozo!...
AITANA: En su fondo me encontrarías, Alción. Mírame allá abajo.

ALCIÓN: Pero no estarías sola, como ahora conmigo.
AITANA: Sí.
ALCIÓN: ¿Qué es lo que quieres, Aitana? ¿Qué andas buscando?
AITANA: Quizá lo mismo que tú buscas.
ALCIÓN: Lo que yo busco puedo mirarlo ahí, en ese agua ¿Qué ves?
AITANA: Un trébol de cuatro hojas.
ALCIÓN: Sería mi suerte. Alguien me dijo que al fin lo encontraría. Déjalo que sea mío antes de que me vaya.
AITANA *(arrojando una piedra al fondo)*: Ya desapareció. La piedra le separó las hojas.

*(Se separan del pozo. Abajo entra* Martín, *camino de su casa.)*

ALCIÓN: Pues a pesar de eso, será mío algún día.
AITANA: Quiero irlo retardando.
ALCIÓN: ¿El matrimonio dices?
AITANA: Quizás.
ALCIÓN: Ahora Sileno va a pedírselo a madre...
AITANA: ...Y tienes miedo a que diga que sí. *(Alción calla.)* Te da miedo, ¿verdad? ¿Por qué te callas, tú, tan valiente?
ALCIÓN: Va a pedírselo, Aitana... Y le dirá que ya habló con Martín... Y tú, mientras, disfrutarás viendo crecer el odio entre dos hermanos...
AITANA: Lo que te digo: tienes miedo. Pero mi padre busca lo que busca. Y al zorro le conviene caminar muy callado, con sigilo, para no despertar la caza.
ALCIÓN: No entiendo bien a la gente de tierra.
AITANA: Ya la conocerás poco a poco... y entonces...
ALCIÓN *(intentando besarla)*: ¿Y entonces? *(Aitana lo aleja, suave.)* No te entiendo a ti, Aitana.
AITANA *(besándolo, de pronto)*: Alción, amor, niño.

ALCIÓN *(sorprendido y exaltado)*: ¡Aitana, corazón! Bésame más. No importa. ¿Qué quieres? Me sabes a sangre, a herida abierta, honda. *(Aitana lo rechaza, amorosa.)* Mala. Fiera dañina. Pronto me haré a la mar. Pero sábete que al aire del molino puede llevarlo el viento marinero.
AITANA: Si se deja...
ALCIÓN: Que se dejará, porque es más fuerte.
AITANA *(ya para entrar en el molino)*: Habrá pelea.
ALCIÓN: ...Y perderá mi Aitana.
AITANA: Corre a casa, Alción, antes de que te busquen. Yo bajaré enseguida a avisar a tu madre.

*(Desaparece.)*

MARTÍN *(ya en casa, buscando)*: ¡Madre! ¡Alción!

*(Entra en el interior. Poco después sale y, sentándose en el comedor, se entretiene en afilar su cuchillo.)*

ALCIÓN *(alegre, veredas abajo)*:
    El árbol cuando se mueve,
    vacila en su pensamiento.
    Vuelo a un lado, vuelo al otro,
    sin saber qué quiero...
Me parece que ahora sí que lo sabes, Aitana. *(Llega a la casa.)* Hermano...
MARTÍN *(después de una pausa)*: Con el poco uso envejecen. Se les seca la savia, como a los árboles.
ALCIÓN *(mostrando su cuchillo)*: Pues el mío aún relampaguea. Lleva menos tiempo en el campo.
MARTÍN: ¿De dónde venías?
ALCIÓN: De asomarme a la playa. Mar tranquila.
MARTÍN: Aquí todo parece tranquilo, pero por debajo...

Alción: ¿No lo estás tú, Martín?
Martín: Quizá lo estuviera más en la pesca.
Alción: Al fin y al cabo, es tu oficio. Es difícil acostumbrarse a otro.
Martín: ¿Y tú, Alción?
Alción: Yo, esperando salir.
Martín: ¿Lo dices con pena?
Alción: ¿Qué puede retenerme? A madre no le gustó en tierra. Ahora, menos que antes. Sueña en verme patrón de su velero nuevo.
Martín: Pero tú volverás, hermano. Y ella estará contenta, pues vivirá contigo.
Alción: Volveré, Martín. Un marinero vuelve siempre. Y subiré al molino a ver a un pescador moliendo trigo.
Martín: Quizás no encuentres a nadie cuando subas. Puede ser que a Sileno solamente.
Alción: ¿Vas a pasar la luna de la boda fuera del molino?
Martín: Sí, fuera. Y distante.
Alción: ¿Y Aitana va a dejar sola al viejo?
Martín: Va a dejarlo.
Alción: Martín...
Martín: Así serán las cosas. ¿Qué quieres?
Alción: Que pienses bien en lo que haces.
Martín: Lo está, desde hace mucho tiempo. *(Pausa.)* ¿Te callas, Alción?
Alción: Estoy contento y triste.
Martín: Quiero que estés alegre siempre, para que cuando Aitana y yo pensemos en ti lo hagamos sin pena.
Alción: Se le rompen al trébol las hojas.
Martín: Volverán un día a juntarse.
Alción: Me resigno, Martín.
Martín: Yo sabía que eras bueno.

*(Entra* Umbrosa, *camino de su casa, en el momento que* Aitana *corre veredas abajo.)*

AITANA *(gritando)*: ¡Umbrosa, Umbrosa! ¡Un momento! ¡Traigo mensaje para usted!
UMBROSA: Dos veces ya que se encuentran la barca y el molino, por no decir el gato y la paloma.
AITANA: Flores más buenas va a añadir cuando le diga que el toro quiere verla.
UMBROSA: ¿A mí? ¿Ese buey burriciego? ¡Vamos! *(Sigue andando.)*
AITANA: Toro o buey, como quiera. Pero desea hablarle. Y en su casa.

*(*Alción *y* Martín *se asoman a la puerta.)*

ALCIÓN: ¡Pero madre!
MARTÍN: Pero ¿qué es eso, Aitana?
UMBROSA: El borracho de arriba, el tonel de tu suegro, que se le antoja verme.
AITANA: Sí, Martín: me ha ordenado que baje. "Necesito hablar con Umbrosa, corre y díselo". Vine volando.
MARTÍN: Creo que usted, madre, no pondrá inconveniente. Cuando lo pide el viejo...
AITANA: Y me ha dicho que a solas, sin testigos. Usted y él. Los dos, y nadie más.
UMBROSA: Prometimos ni darnos los buenos días.
MARTÍN: Cosa de viejos locos. Hora es ya de que se desarruguen esas frentes y se tiendan la mano.
AITANA: Allí quedó arreglándose. "Quiero bajar —me dijo— como Umbrosa merece."
UMBROSA: ¡Honradísima! Habrá bebido más de la cuenta.
AITANA: Ni más ni menos, señora.

UMBROSA: ¿Y si yo me negara a recibirle?
ALCIÓN: Usted no hará eso, madre.
MARTÍN: Porque, con su permiso, yo no lo consentiría.
UMBROSA: Todos contra una vieja. Muy bien.
ALCIÓN: Hay que decir que sí.
MARTÍN: Que no se diga mal de los pescadores. ¡Vamos!
UMBROSA: Pues sí, hijos, que venga.

(Aitana *sube corriendo hacia el molino.*)

MARTÍN *(mientras* Aitana *va por las veredas)*:
 Vuele mi paloma al molino,
 Y me traiga la oliva y no mata de espino!

*(Entran los tres en la casa.)*

UMBROSA: Arreglaré un poco la casa.
MARTÍN: No sabrá apreciar sus cuidados.
UMBROSA *(arreglando las cosas)*: Es criticón. Lengua de víbora.
ALCIÓN: Pero, madre, ¡si no ve nada el pobre!
UMBROSA *(colocando un vaso y una botella sobre la mesa)*: Que tenga vino por lo menos.
MARTÍN: A ver si así le convence.
UMBROSA: Es él quien tiene que convencerme a mí.
MARTÍN: Y, mientras, que Martín ande muerto por esas playas y veredas.
ALCIÓN: Hay ya que decidir, madre, dejándose de odios que sólo echan veneno en las familias.
UMBROSA: Sé bien qué debo hacer.
MARTÍN: Pues que sea lo que yo deseo.
UMBROSA: Algo trama el muy zorro. No quiere a nadie en la visita.
ALCIÓN: Por eso nos vamos ahora mismo.

MARTÍN *(bromeando al irse con* Alción*)*: Y mucho cuidado con Sileno, mire que con la uva se remoza.

UMBROSA *(riendo)*: ¡Pobre molino roto! ¡Con esta vieja barca hecha astillas!

*(*Martín *y* Alción *se tumban bajo los primeros olivos.* Sileno *y* Aitana *salen del molino, mientras* Umbrosa, *sentándose ante la mesa, adopta una postura rígida de espera.)*

SILENO: ¿Por qué me llevas como el rayo? Bien se ve que eres perdiguera.

AITANA: Mi corazón es hoy de viento. Y usted va a tratar de mis cosas.

SILENO: Me partirás la frente contra un árbol. Un momento, Aitana. Tengo una gran idea. Corta una ramita de olivo.

AITANA: Eso sí, padre. En seguida.

SILENO: Hay que llegar con algo a las visitas.

AITANA *(dándosela)*: Tome. Parece usted un Domingo de Ramos.

SILENO: Sienta bien la oliva a tu padre.

AITANA *(ya ante la casa de los pescadores)*: Bueno, aquí le dejo. Y que cuando tenga que nombrar a su hija, no sea para llamarla perra.

SILENO: Puedes irte tranquila, amor.

*(*Aitana *se reúne con* Alción *y* Martín *bajo los olivos, quedando medio ocultos en una ondulación del terreno.)*

SILENO *(llamando con su estaca)*: ¡Paz!

UMBROSA: Eso es lo que hace falta. Adelante.

SILENO *(ofreciéndole la rama de olivo)*: ¡Paz a los molineros y a la gente marina!

UMBROSA *(ayudándole a sentar)*: Así, sentado, la paz será más larga.

Sileno: Hoy, nada de pelea, Umbrosa; para eso te puse por delante esa ramita verde. Hoy, como viejos amigos y vecinos.
Umbrosa: Muy bien. Puedes empezar.
Sileno *(garraspeando y tosiendo)*: ¡Ejem, ejem!
Umbrosa *(ofreciéndole el vaso)*: ¿Un traguito para esa tos?
Sileno: Todavía es pronto.
Umbrosa: Estás desconocido.
Sileno: Muy enfermo.
Umbrosa: Tú dirás.
Sileno *(después de una ligera pausa)*: Tienes un hijo, Umbrosa.
Umbrosa: Dos.
Sileno: Y yo, una hija.
Umbrosa: Es sabido.
Sileno: ¿La quieres?
Umbrosa: Sinceramente, no.
Sileno: Yo tampoco a tu hijo, sinceramente.
Umbrosa: ¿A cuál de los dos?
Sileno: A ninguno... porque los dos quieren a Aitana.
Umbrosa: Nada nuevo, aunque me duela confesarlo.
Sileno: Ella piensa que yo vivo dormido. Pero tengo los ojos en la sangre, y ni las moscas se me escapan.
Umbrosa: Con el mío más chico... pocas palabras de este asunto. Me quiere, y disimula bien.
Sileno: Pero Martín rabia de celos, que no se muerde.
Umbrosa: Y el pequeño también, que se los traga... por ahora.
Sileno: Y Aitana, esa perrita perdiguera, juega con los dos.
Umbrosa: ...aunque quiere casarse con Martín.
Sileno: ¿Lo sabe acaso ella? ¿Y si fuera con Alción?
Umbrosa *(severa)*: Las cosas se nublarían.
Sileno: ¿Lo mejor? Voy a decírtelo.
Umbrosa: No hace falta. Está dicho ya.

SILENO: Ni con uno ni con otro.
UMBROSA: Por de pronto, al más chico voy a quitarlo de la isla.
SILENO *(Con sorpresa)*: ¡Ah! Pero queda el peor. No quiero pescadores arriba.
UMBROSA: Ni yo molineras abajo
SILENO: Por eso vine a verte.
UMBROSA: Muy honrada.
SILENO: Tengo miedo, con sinceridad. Huelo algo.
UMBROSA: Perro viejo.
SILENO: Pueden robármela.
UMBROSA: No, si consientes el matrimonio.
SILENO: Eso, es lo que no quiero.
UMBROSA: Ni yo tampoco.
SILENO: ¿Y si me la robaran.
UMBROSA: Se dejaría.
SILENO: ¿Dices que tu Alción se marcha?
UMBROSA: En barco nuevo, y pronto. Al mar, lo que es de él.
SILENO: Pero Martín quedará en tierra, pidiendo boda por esos olivos. Ahí fuera lo tenemos, convencido de que en esta entrevista se la estamos, por fin, arreglando. Y como ves, Umbrosa, me he dignado bajar para todo lo opuesto.
UMBROSA: Agradecida a tu atención. ¿Y qué ha discurrido esa cabeza?
SILENO: Si tú no me la alumbras con algo de la tuya, lo de siempre: cansarlos, aburrirlos, desesperarlos, hacerles que se odien, se peguen, de desunan, se olviden, logrando que tu hijo reanude el trato con la mar y se vaya...
UMBROSA: ...del brazo de tu niña.
SILENO: Eso nunca, Umbrosa.
UMBROSA: ¿Quién lo podrá impedir?
SILENO: ¡Yo! Y tú también, si quieres.
UMBROSA: ¡Como querer!... No paro de pensarlo. Ahora

se va Alción... Mañana, si eso pudiera ser, si yo tuviera fuerza, sería Martín conmigo... Barco siempre tendremos. Y nunca faltará casa en otra orilla.

SILENO *(con exagerado y auténtico asombro)*: ¡Pero Umbrosa, qué lumbre, qué relámpagos los de esa frente tuya!

UMBROSA: Quiero que allí vuelva a lo suyo, y que cuando se case lo haga con marinera, mujer de piernas en el agua, dura y decente en la ausencia del hombre, tranquila y resignada cuando ya nunca vuelva...

SILENO: ¡Umbrosa, Umbrosita! Tiemblo y retiemblo ante esa idea. ¡Cómo se ve que estoy viejo y enfermo. No se me había ocurrido. ¿Me dejas que te abrace?

UMBROSA: Más lento, hombre, y sin desboco. Difícil, es difícil.

SILENO: Tu hijo mayor te quiere y es obediente... como buen marinero. Una palabra tuya, ¡y el lobito de mar se echaría a nadar por esa mar con su Umbrosa preciosa!

UMBROSA: Quisiera verlo ahogado, te lo aseguro, roída la cara por los peces y sin sepultura fija, antes que molinero tranquilo, sentado al sol, sin ese aire de pelea que es mi orgullo.

SILENO: Eres sombría, Umbrosa. Ese maldito nombre que te dieron te ha ido volviendo así.

UMBROSA: Mis uvas son amargas. A los míos se los tragó el agua, y sus mujeres salieron a buscarlos... y tampoco volvieron.

SILENO: Muerte digna y que encomio.

UMBROSA: La que prefiero que tengamos todos, antes de ver torcida la ley de esta familia. El que es de tierra, a tierra; el que no... Hay más olas que granos tiene el trigo.

SILENO: Ése también es mi pensamiento. Por eso ya no como ni pescado...

UMBROSA: ...Y si Martín no consintiera, me marcharía yo sola, ¡sola!, que para eso conozco los caminos.

SILENO: Se irá, se irá, ¡ya lo creo que se irá! Quiere más a su Umbrosa que a mi Aitana. Y encontrará, además, mujer en esa orilla que dices. Eso te lo jura Sileno. Él es buen mozo, como un mástil. Voy a beber un traguito por él. Mira.
UMBROSA *(sirviéndoselo)*: Gracias.
SILENO: ¿Tú no bebes? Uno, por mi Aitana.
UMBROSA: No es noche de trébol. *(Empieza a oscurecer.)*
SILENO: Pero mi Aitana lo merece.
UMBROSA: Dalo por bebido.
SILENO: Pues beberé en tu nombre por ella. Vine a darte la paz, a tratar de que también vuelva a mi casa, porque la harina, ya se sabe, debe siempre seguir siendo harina; el pez, pez; el olivo, olivo; el barco, barco; el tú, tú; el yo, yo; Aitana, mi Aitana...
UMBROSA *(sirviéndole otro vaso)*: Por eso no duermo. Paz, cueste lo que cueste. Y el pez, al mar, como tú dices.
SILENO: Pero pienso, Umbrosita, que mientras no llega el día de que te embarques con tu Martín, hay que dar nuevas largas a esa boda... Ahí están afuera, esperando. No lo olvides. Tienes cabeza, Umbrosa: dime tú.
UMBROSA: Alción se va... y habrá fiesta por su velero nuevo.
SILENO: ¿Ves, mi frustrada consuegra? Vine a alumbrarte yo, y eres tú quien me llena de luces. ¡Ya está! Para ese día, inventaré una fecha, que con tu consentimiento les comunicaré en medio del baile... ¡Porque habrá baile, Umbrosa! ¡Y vino, vino! *(Levantándose, torpe, con el vaso, e intentando unos pasos de danza.)* ¡Y bailaremos juntos, ante las malas lenguas de mar y las de tierra!

¡Y yo te pisaré un pie,
y tú lo retirarás!
¡Y volveré a pisártelo,

y otra vez
y dos más!
¡Umbrosa, Umbrosita, otro vasito por ti y el nuevo patrón!

UMBROSA *(sin servírselo)*: Pronto canta victoria el gallo desplumado, porque si a mi Martín no hay quien lo embarque...

SILENO: ¡Ah, entonces me pondré muy enfermo, amarillo, como el azufre... y pediré los Santos óleos... "Aitana: que me apliquen el divino aceite en los pies, que ahora sí que me muero"!... Y tardaré mucho en morirme, para que con los llantos y cuidados se aleje nuevamente la boda... Y cuando todos crean que ya no aguanto más, que voy a evaporarme, disponiéndose al fin a respirar tranquilos en su cama, un día, de pronto, amanezco bien sano, diciendo: Aitana, Aitanita: creí que no salía de ésta. Dame un traguito de moscatel para que resucite del todo... ¿Qué te parece, Umbrosa, la trama?

UMBROSA: No seré yo quien vea a ese resucitado.

SILENO: Ni tu Martín tampoco dará pie a ese recurso. En nuestras manos anda el timón, hija. Y fíjate que dije timón, un término marino, para agradarte. Yo conduzco la barca.

UMBROSA: A ver si no se estrella.

SILENO: Confía.

UMBROSA: Por lo que nos conviene.

SILENO: Conserva en agua esa ramita. Que no se seque nunca.

UMBROSA *(tomándola y dividiéndola en dos)*: Para que por igual reine el olivo en las dos casas. *(Le da una.)* Toma.

SILENO *(buscándola con los brazos)*: Mereces un abrazo.

UMBROSA *(empujándolo basta fuera de la casa)*: Y tú una buena tunda, Sileno.

SILENO *(gritando)*: ¡Aitana!
UMBROSA: Andan los tres por los olivos. ¡Martín! ¡Alción!
SILENO: ¡Aitana! ¡Retozona!
AITANA *(corriendo la primera, seguida por los dos hermanos)*:
> ¡Alción, de prisa! ¡Martín ligero!
> ¡A ver quién de los tres llega primero!

SILENO *(amenazándolos de burla con su estaca)*: ¡Corderitos, cangrejillos, verderones, correplayas! Siempre juntitos, pegadizos, como las hojitas al tallo.
MARTÍN: ¿Y les fue bien la tarde a los consuegros?
SILENO: No ofendas a tus padres con ese indigno nombre, que muy buenas ausencias te han guardado.
MARTÍN: Habría que saberlas.
SILENO *(misterioso)*: ¡Chsss! Subamos al molino.
AITANA: Pero adelante algo, media palabra, un sí o un no, siquiera.
SILENO: Pues... sí.
MARTÍN: ¡Sí, sí! ¿Pero qué es ese sí? Explíquese.
SILENO: Que ya tenemos fecha.
AITANA: ¡Fecha, fecha!
SILENO: Fecha que se sabrá con permiso de Umbrosa,
MARTÍN: Pero, ¿cuándo, cuándo? Diga.
SILENO: Cuando Alción estrene el barco... En medio de la fiesta.
AITANA *(abrazando a* Umbrosa*)*: ¡Madre!
MARTÍN *(simultáneamente, a* Sileno*)*: ¡Padre!
SILENO: Y ahora, niña, al molino. Cuesta arriba.
AITANA *(a Martín)*: ¿No querrá mi marido acompañarme? *(Mirando intencionadamente a* Alción.*)* Alción se queda con Umbrosa.
ALCIÓN: Me quedo, Aitana.
SILENO: Vamos, vamos, que es tarde.

(*Suben los tres por las veredas oscurecidas.* Umbrosa *entra en la casa. Abre la ventana. Se sienta ante la mesa, triste, suspirando.* Alción *la mira con ternura.*)

Alción: Madre.
Umbrosa (*después de mirarlo largamente*): Entra la noche, hijo.
Alción (*sentándose junto a ella*): Tengo miedo en la tierra.
Umbrosa: Y yo de verte aquí.
Alción: ¿Es que no estoy seguro a su lado?
Umbrosa: Quizá el mar sea menos peligroso.
Alción: ¿Qué ha decidido usted con el viejo? La verdad. (*Silencio.*) ¿No me lo quiere usted decir?
Umbrosa: Alción...
Alción: ¿Es cierto eso de la fecha?
Umbrosa: Ya lo oíste. Habrá boda. (*Pausa ligera.*) Pero sabe Dios cuándo.
Alción: ¿De verdad, de verdad, madre? (*Silencio.*) ¿Por qué se calla usted? ¿Es que no puedo yo saber su pensamiento? (Umbrosa *vuelve a suspirar, angustiada.*) No se angustie nunca por mí. Usted y yo hablamos poco. Nos lo decimos todo sin palabras. No hacen falta aquí, ahora. Lo que usted no me diga, me sonará en el corazón y acabaré sabiéndolo. ¡Déjese!

(*Silencio.*)

Umbrosa: ¿Vas a estar fuera mucho tiempo?
Alción: Con barco nuevo y buena pesca...
Umbrosa: Preferiría que no volvieras... o que tardaras, que tardaras... Puede que yo fuera a buscarte...
Alción: Con tal de verla alegre... yo le aguardo en la orilla que me mande...

UMBROSA: No será necesario, hijo. *(Silencio. Se levanta y escucha, atenta, a la ventana.)* Oí como un grito.

ALCIÓN: Ya oscuro y de ese lado parece, a veces, que se oyen.

UMBROSA: Tu padre las oía con frecuencia.

ALCIÓN: Y muchos marineros.

UMBROSA: En las noches de viento hay quien escucha hasta palabras. Otros, las han visto.

ALCIÓN: Yo, todavía, no, por más horas y horas que me he pasado en vela.

UMBROSA: De novios, tu padre me enseñó su historia. Sabía muchas.

ALCIÓN: Ésa quizás la sepa yo también.

UMBROSA *(recitando con voz opaca)*:
    Es una pulida dama
    la sirenita del mar,
    que corre tras los veleros
    y engaña a los marineros
    con su canto y su mirar.
    Que es chiquita y embustera,
    que por su padre maldita
    vive en la mar marinera
    y no hace sino llorar...

ALCIÓN:
    Que a Dios y al diablo adora,
    que sueña con los arcángeles,
    con la Virgen salvadora
    y sólo hace blasfemar...

UMBROSA:
    ...Que vende por las mañanas,
    en los mercados marinos,
    estrellas que son manzanas
    caídas del cielo al mar...

ALCIÓN:
>Que en aguas de Alejandría,
>con su arpón, un marinero
>le puso la puntería
>y la quiso asesinar...

UMBROSA:
>Que no es blanca, que es morena,
>que son verdes sus cabellos,
>y le llaman la sirena,
>la sirenita del mar...

*(Otro silencio. Umbrosa vuelve a asomarse a la ventana.)*

ALCIÓN: ¿Gritan, Madre?
UMBROSA: No, son los pasos de Martín, que baja del molino.

*(Alción, lentamente, va hacia la puerta de la casa. En la oscuridad de la noche estrellada, baja la sombra de Martín por las veredas.)*

## TELÓN

# TERCER ACTO

*Playa y mar. Cortando la raya azul de éste, palos con redes recogidas. Tras un pequeño malecón, casi en el centro, asoma el barco de* Alción, *plegadas las lonas y colgado de banderas. Cielo cegador, rutilante, hiriente.*
Aitana y Alción, *en la playa.*

ALCIÓN: ¿Ves ese barco, Aitana? Tiene aún recogidas las velas. ¿Sabes qué representa ahí, anclado, lleno de banderines?
AITANA: Alción, amor.
ALCIÓN: Para algunos significa alegría, tranquilidad, respiro; pero para mí...
AITANA: No me lo digas, niño. Cállate.
ALCIÓN: ...la muerte. Y yo no quiero morirme, Aitana. Yo no quiero ir a juntarme tan pronto con los míos, ahí abajo... Me dará mucho miedo andar rodando solo, noche y día, con tanto mar sobre los hombros, lejos de ti, sin ti, buscando inútilmente un rotito en el agua para poder mirarte.
AITANA: Mucho temí a esta hora, a ese velero nuevo, a todas esas banderas que le ha puesto tu madre para festejar tu marcha, nuestra separación.
ALCIÓN: ...Pero ella no sabe que vientos enemigos pueden cubrir de negro todos esos colores. Día de luto para mí... que sólo tú, mi Aitana, deberías cambiar.

AITANA: Bien sabes tú que soy valiente, como hombre; que por ti vengo engañando a mi padre, aprovechándome de su ceguera, de su odio a una boda que nunca consentirá mientras viva; que tan sólo por ti vengo burlando y desesperando a tu hermano, dándole largas a sus ansias, para que con el tiempo y el cansancio vaya entendiendo lo que yo todavía no puedo decirle.

ALCIÓN: No lo entenderá nunca de ese modo. Martín anda ya aborrascado, lleno de intenciones. Y las que tiene las conozco, me las ha dicho. Se ha cuidado bien de que yo las sepa. Va a llevarte.

AITANA: Mil veces escuché esa amenaza, que mi padre empieza a olfatear. Pero para calmarle un poco, el viejo, de acuerdo con tu madre, ha prometido fijar hoy una fecha, que es fácil que Martín tome por primera vez en serio.

ALCIÓN: Mejor que yo, bien sabes tú que esa nueva burla desesperará más a mi hermano. Va a llevarte... pero ahora con certeza. Y que quieras o no, te verás obligada a dejar solo al viejo y a separarte de mí.

AITANA: Ni lo uno ni lo otro, Alción. Juré a Martín que antes me arrastraría por las veredas.

ALCIÓN: Pues él o yo te arrastraremos, Aitana. Acuérdate del pozo. Allí te aseguré que el viento marinero podría con el aire del molino.

AITANA: Y no habrás olvidado, Alción, que yo te contesté que habría pelea.

ALCIÓN: Pues ya empezó, amor mío. Prepárate. Afila bien tus pitas y tus cardos. Asoma esas ortigas que guardas y hazme rayas de sangre por el cuerpo, que yo me defenderé besándote.

AITANA: No serán para ti mis desgarrones: guardo mis filos contra otro.

ALCIÓN: ¿Pues cómo vas a pelear conmigo, Aitana, si después de esas púas ya no te quedan más que nardos y claveles?

AITANA *(besándolo)*: Alción, hoy es tu cumpleaños. Cuando chicos, yo peleaba contra ti en el pinar con ramas de lentisco, que tú me combatías con retama florida. Desde entonces, no he tenido otras ramas para herirte.

ALCIÓN: Si es así, mátame con flores, Aitana, y llévame en un barco que tengo escondido para ti en una cala que muy pocos conocen. Tú harás de timonel, mientras veré perderse el bosque de los tréboles y las aspas de tu viejo molino. Me llevarás muy lejos...

AITANA: Yo no conozco el mar ni más tierra que ésta.

ALCIÓN: Te iré diciendo los caminos en medio de la espuma, hasta que entremos nuestra barca por un río grande, que yo sé, bordeado de torres y naranjos...

AITANA: Yo nunca he visto un río, sino sólo el arroyo medio seco que pasa por las viñas.

ALCIÓN: ...Y luego, bajaremos hasta salir de nuevo al mar; y verás un estrecho de delfines, y después costas de claveles bajo palmas de dátiles... Y, doblando una punta de arena, salinas blancas junto a esteros azules...

AITANA: ¡Alción, Alción!

ALCIÓN: Nunca pude decirte hasta ahora cuánto te quería, Aitana. Siempre fue a medias y lleno de temores. Acuérdate del pozo, del bosque de los tréboles... Tuve que disfrazarme aquella noche, ponerme máscara de fiera para atreverme.

> Noche de trébol y luna,
> noche de trébol florido,
> Busca el jabalí perdido
> el trébol de la fortuna
> y hasta el colmillo le duele
> de tanto amor sin amor...

AITANA: Y yo ya entonces no sabía de qué lado me quemaba la sangre: si del tuyo o el de tu hermano.

> Las hojas se me consumen
> en un fuego y otro fuego.
> Sopla, viento, a la derecha;
> a la izquierda, viento.
> Apaga, viento, este hervor...

Tuve que revestirme de árbol para decírtelo.

ALCIÓN: Pero ahora sí ya sabes de qué lado se te queman las hojas.

AITANA: ¿No las sientes hervir? Me bullonea la sangre como el mar. Pero quisiera que este mismo hervor achicharrara una pena muy honda, que, de pronto, me aleja de tu barco.

ALCIÓN: Yo también voy a dejar a mi madre... a quien por ti vengo engañando, dándole confianza de que dentro de mí sólo había sitio para ella... Pero tú ocupas todo, tú estás de pie en mi vida, mandando como un patrón en la tormenta.

AITANA: Te quiero, Alción, te quiero, como sólo la tierra puede querer lo que no tiene. Ya me siento de espuma, de sal fresca a tu lado. Llévame como un ramo de olivo de la isla.

ALCIÓN: Cumpliré años en el mar, ya oscurecido, con las primeras estrellas, cuando el velero nuevo se alumbre de bengalas, y a Martín, sobre todo; se le ensanche el pulmón esperando mirar cómo voy alejándome de ti... ¿Tienes miedo, mi Aitana?

AITANA: Soy varona de tierra, acostumbrada desde niña a bregar con el viento de un molino.

ALCIÓN: Nos perderemos en medio de la fiesta, cuando todos griten y canten y el vino corra hasta la orilla.

AITANA: Alción, demonio.

ALCIÓN: No será al infierno adonde te lleve.
AITANA: ¿Para qué más candela a la candela?
ALCIÓN: Por fin el trébol va a ser mío.
AITANA *(ofreciéndole los labios)*: Aquí lo tienes. Llévalo. *(Se va Alción.)*
AITANA *(andando, lenta, hacia el velero)*:
    De molinera, mi amor,
    de molinera,
    de harina de trigo en flor
    a marinera.
    Muele, molino harinero,
    sin dolor,
    que te lleva un pescador,
    un marinero,
    mi amor.

*(Tendiéndose en las piedras del malecón, se queda como ausente, mirando al mar. Entran los Tres Ancianos del primer acto, cada uno por un sitio distinto.)*

ANCIANO 1: Raro encuentro a estas horas... en este día.
ANCIANO 2: Mira ese barco nuevo... esas banderas... este sol.
ANCIANO 3: Fiesta en el mar... por alguien.
ANCIANO 1: ...alguien que va a marcharse... lejos, por la espuma.
ANCIANO 2: ¿Se sabe acaso si se hincharán las velas?
ANCIANO 3: Día tranquilo, sin viento.
ANCIANO 1 *(misterioso)*: ¡Chsss! ¿No escucháis? *(Silencio.)*
ANCIANO 2: Se me hace un nudo en la garganta.
ANCIANO 3: Siento la sal del mar rodarme de los ojos.
ANCIANO 1: Dunas tristes... arenas de desgracia...
ANCIANO 2: Playa de llanto para mí.
ANCIANO 3: Playa de ahogados y de sangre...

Anciano 1: ...que abandono...
Anciano 2: ...que dejo...
Anciano 3: Adiós.

*(Se van, siempre por sitios distintos. Entran Dos Campesinos jóvenes, llevando cada uno una canasta de uvas.)*

Aitana *(levantándose)*: ¡De mi señor Sileno esas uvas! Conozco bien los mimbres de las canastas. Por mis dedos pasaron.
Campesino 1: ¿De quién si no, niña Aitana?
Campesino 2: Para adornar el barco las traemos.
Campesino 1: Quiere que salga colgado de racimos.
Aitana: Moscateles serán los de la proa. Sé los gustos de su patrón.
Campesino 2: Donde diga la molinera, que de su padre es el presente.
Aitana: Mucha carga para dos hombres solos.
Campesino 1: La niña Aitana tiene manos.
Aitana: Y bien fuertes: de perdernales. ¡Venga! *(Canta, mientras en medio de las dos canastas y agarrando un asa de cada una avanza hacia el velero.)*

> A los árboles altos
> los mueve el viento,
> y a los enamorados
> el pensamiento.

*(Entra* Martín *momentos antes de terminar la copla.)*

Martín: Molinera, pescadora, vendimiadora...
Aitana *(volviendo la cabeza, sin soltar las canastas)*: Y más cosas que mi Martín no sabe.

MARTÍN: Pero como quien me quiere no puede ocultar nada que yo no sepa, deja eso y vente.

AITANA *(dejándolas)*: No escogiste buen día para contar secretos.

MARTÍN *(yendo con ella hasta las redes tendidas, mientras los* Campesinos *siguen hasta el velero, subiendo a él)*: Te andaba buscando.

AITANA: Pensé que te alegraría verme adornando de uvas la marcha de tu hermano.

MARTÍN: La nuestra, sería mejor que adornaras.

AITANA *(sentándose, distraída, bajo las redes, y sin recoger las palabras de* Martín*)*: Muy pocas veces se echará al mar un barco armado de racimos.

MARTÍN *(seco)*: Aitana.

AITANA *(ausente, sin mirarlo)*: ¡Pobre Alción!

*(Un silencio.)*

MARTÍN: ¿Es que no quieres escucharme?

AITANA: Para eso estoy contigo. Habla.

MARTÍN *(después de una ligera pausa)*: Mira. *(Levantándole la cabeza hacia él.)* Hoy. *(Aitana le mira fríamente, sin atención.)* Hoy. ¿Me entiendes?

AITANA: Si te entendiera, te hubiera contestado ya.

MARTÍN: Basta de largas y de burlas.

AITANA: ¿Burlas, ahora que Sileno y Umbrosa están de acuerdo? ¿Largas, hoy que mi padre va a decidir la boda? Eres... como eres, Martín.

MARTÍN: Sí, soy como soy, y tú...

AITANA: ...como la tierra me hizo. Así.

MARTÍN: Pues así y todo, de hoy no pasará.

AITANA: Acuérdate de lo que te dije un día por las veredas.

MARTÍN: No soy olvidadizo, Aitana... sino que ahora, en

vez de arrastrarte por los cardos, lo haré por el mar. Lastima menos.

Aitana: Y mi padre, que se hunda ciego y solo por esos precipicios de la mano del aire.

Martín: Demasiado amor por él, de un tiempo a esta parte. Se ve que ahora te pega con varas de flores. Mucho cariño. Más que a mí.

Aitana: Es otra cosa.

Martín: Otra cosa que yo no aguanto, o yo soy el primero, o...

Aitana: Lo eres y no lo eres.

Martín: Pues lo sea o no lo sea, haré hoy mismo eso que no me atreví hace tiempo.

Aitana: Parece como si en el año sólo hubiera este día.

Martín: Así es.

Aitana: ¿Cuántos mozos parió tu madre, Martín?

Martín: No me ablanda la pregunta.

Aitana: Si hubieran sido tres ¿Quieres dejarla sola de un golpe, y que se muera loca, aullando por la playa? Eso es un hijo.

Martín: Alción volverá.

Aitana: ...Para llorar sobre el hoyo donde se pudran sus huesos.

Martín: Esas lágrimas no deben importarte.

Aitana: Amaneciste de piedra.

Martín: Amargo, y tienes que endulzarme. Me lo prometiste.

Aitana: Con uvas moscateles, pero no con infamias.

Martín *(perdida la aparente tranquilidad)*: ¡Aitana!

Aitana *(levantándose)*: ¡Vamos!

Martín: Dímelo de una vez. Que lo oiga.

Aitana: No tengo nada que decirte.

Martín: Ya no soy tu Martín.

Aitana: Llegarás a no serlo.

MARTÍN: Te llevaré antes de que eso suceda.
AITANA: Inténtalo.
MARTÍN: Hoy.
AITANA: A rastras.
MARTÍN: En medio de la fiesta, cuando canten y bailen.

*(Mientras* Aitana *corre, saliendo, seguida por* Martín, *suena de pronto un tamboril monótono, insistente, coincidiendo con la aparición de* Seis Remeros, *tres a cada lado del barco de* Alción, *en alto los remos empavesados, y la entrada de* Dos Vendimiadores *y una* Vendimiadora, *alzando grandes ramos de viña: los de los hombres con racimos verdes, y negros los de la mujer.)*

REMADOR 1:
 ¡A los remos, remadores!
REMADOR 4:
 ¡Y a los barcos nuevos,
 estelas de flores!
REMADOR 2:
 ¡Remadores, a remar!
REMADOR 5:
 ¡Y a los barcos nuevos,
 ancho y libre el mar!
VENDIMIADOR 1:
 Por un mar de vino dulce
 vayan los veleros.
VENDIMIADOR 2:
 Moscateles las espumas,
 moscatel el viento.
VENDIMIADORA:
 Moscatel el sol. La noche,
 de racimos negros.
REMADOR 1:
 ¡A las viñas, remadores!

Vendimiador 1:
   ¡A los remos, viñadores!
Remador 5:
   ¡Viñadores, a remar!
Vendimiador 2:
   ¡Remeros, a vendimiar!

*(Aparece, tirado por muchachos, el carro donde van Sileno y Umbrosa: verdadero altar barroco, pagano y silvestre, agobiado desde las ruedas por hojas y racimos, haces de trigo y amapolas, prendidos por largas cintas de colores. Música aldeana y marinera.)*

Sileno *(grande y exagerado, vestido con su mejor traje, arrojando pequeñas botas de vino adornadas, que colgarán de las estacas del carro)*:
   ¡Vino, vino
   del molino!
   ¡Vino bueno
   de Sileno!
   Por lo galana,
   para mi Aitana.
   Por lo delfín,
   para Martín.
   Por buen patrón,
   para Alción.
   Y por lo hermosa
   y borrascosa,
   para la fiera de mi Umbrosa!
*(Algarabía de voces y músicas.)* ¡Bebe, bebe, Umbrosita! Sella las paces con un chorro de oro, mi domada consuegra. ¡Que no lo muerdan más entre los dientes los pájaros presentes! ¡Que lo vean de una vez y lo crean! ¡Que se les requeteseque la ponzoña en los

labios! ¡Que los vomiten ya, y sin lengua y sin habla no puedan volar! ¡Paz pública, mi Umbrosa! ¡Vino, vino, vino! *(Abrazándola.)*
  Se abracen para siempre
  la barca y el molino;
  la vieja rueda de moler
  y el roto timón por componer;
  el viento terrero y el marinero;
  la vela negra harinera
  y la blanca playera;
  el pez espada
  y la corteza de pan, dorada;
  la ola de sal
  y la amapola del trigal,
  el...

UMBROSA: ¡Punto, Sileno, punto!

SILENO: ¡Vino, vino! Para ti, mi Umbrosita, para un día grande como el de hoy, te levanté este altar florido, esta carroza de uvas y ramos verdes. ¡Día de paz, Umbrosa! Cambio de luna entre familias. ¡Vuelta del rey a los pies de su reina! ¡Vino, vino, vino!

UMBROSA: ¡Punto, Sileno, punto, que para hoy también guardo un pañuelo!

SILENO: Lágrimas dulces, a racimos, redondas y moradas, hasta con huesecillos dentro: así serán las mías por tu Alción. Y así quiero yo que sean también las tuyas, Umbrosa. Nada de lágrimas saladas, a la marinera. Lágrimas bebibles por tu niño, por tu patrón que va y que viene.

UMBROSA: Eres sabio, Sileno. ¡Melón de cuelga!

SILENO: Ideas de mosto.

UMBROSA: ¡Cabeza de orujo!

SILENO *(tocándola, erótico):*
  ¡Brazo y mano de parra,
  que todo lo que ve lo agarra!

¡Vino, vino, vino! Grita también, Umbrosa. ¡Todos! ¡Gritad todos!

Todos con Sileno: ¡Vino, vino, vino!

Sileno:
> ¡Vino bueno
> de Sileno!
> Por lo galana,
> para mi Aitana.
> Por lo delfín,
> para Martín.
> Por buen patrón,
> para Alción.
> Y por lo hermosa
> y borrascosa,
> para la fiera de mi Umbrosa!

*(Arrecia la música, cambiándose por un aire de danza, apareciendo, sobre ruedas, y empujado por muchachos del campo y de la playa, un gran Toro de paja, clavado de banderines y flores, enramadas las astas de pámpanos y olivo. Delante, bailando, dos parejas de gigantillos. Detrás, severa y enlutada, Una Vieja. Aitana y Alción entran también.)*

Vendimiador 1:
> ¡Salga el toro para quemar
> frente a las olas del mar!

Remador 1:
> ¡Frente a las olas de fuego,
> el toro de trigo y heno!

Vendimiadora:
> ¡Toro de amarilla sangre,
> para ser humo en el aire!

Remador 4:

¡Toro de paja amarilla,
para morir en ceniza!
VENDIMIADOR 2:
¡El torito marinero,
venido de tierra adentro!
REMADOR 1:
¡Y porque no y porque sí,
este toro arderá aquí!

*(Baile de los gigantillos, quitándose la máscara.)*

SILENO: Umbrosa, prenda playera, no me dijiste que habría toro.
UMBROSA: Para alegrar a mi Alción y serenar a tu precioso cielo, que ya están en la fiesta.
SILENO: ¡Aitana, mi rosa Aitana! Mírame hecho todo un rey sobre un carro de flores. Sube, sube a que te reverencie y bese una puntita de tu saya olorosa.
AITANA *(con sequedad)*: No es para mí el festejo, padre.
SILENO: Ya pinchó el cardo del camino. Pues no diré el día de la boda.
UMBROSA: Perros y gatos nada tienen que hacer aquí.
SILENO: Es que esa gata es mía.
UMBROSA *(con intención, a* Aitana*)*: Como mío es mi Alción. Y de nadie más.
SILENO:
¡Alción, pájaro fiero,
muy pescador y marinero!
MARTÍN: Y más aún con barco nuevo, señor padre.
SILENO: ¿Fue mi hijo quien habló? ¡Martín, Martincillo!
ALCIÓN: El mejor molinero de la isla, señor Sileno.
SILENO: Pero contestó el festejado.
AITANA: ¡Sí, sí, sí!

SILENO:
     ¡Y el sí, sí, sí,
     fue de mi áspero alhelí!
UNA VOZ *(sonando un clarín)*:
     ¡Al toro, al toro, al toro!
     Preguntas de plata,
     respuestas de oro.

   *(Lo rodean en corro abierto, presidiendo* Umbrosa y Sileno *desde el carro.)*

VIEJA *(cantando)*:
     Ya está el torito en la playa,
     el torito marinero,
     esperando que la noche
     lo vuelva toro de fuego.
     ¡Ándale, ándale, niño, al toro!
     ¡Pídele clavellinas de oro!
MARTÍN *(serio, acercándose al toro)*:
     Toro que te han de quemar
     y que has de ser de candela,
     dime si mi corazón
     verá en la mar una estrella.
VIEJA *(cantando)*:
     El torito te responde
     que no ve estrella en los mares,
     que sólo mira en la tierra
     una amapola de sangre.
     ¡Ándale, ándale, niña, al toro!
     ¡Pídele clavellinas de oro!
UMBROSA *(bajando del carro)*:
     Toro que te han de quemar,
     toro que por dos me quemo,
     respóndeme por los dos,
     que yo respondo por ellos.

VIEJA *(cantando)*:
> El torito te responde
> que no puede contestarte,
> que como es toro de lumbre
> tiene dolor de quemarte,
> ¡Ándale, ándale, niño, al toro!
> ¡Pídele clavellinas de oro!

ALCIÓN:
> Toro que te han de quemar,
> di lo que estoy deseando,
> repítemelo en la mar
> cuando vaya navegando.

VIEJA *(cantando)*:
> El torito te responde
> con tu mismo pensamiento,
> que lo que no sabe el agua
> lo empieza a saber el viento.
> ¡Ándale, ándale, niño, al toro!
> ¡Pídele clavellinas de oro!

SILENO *(desde el carro)*:
> Toro que te han de quemar,
> toro falso o verdadero,
> si me dices la verdad,
> respóndeme la que quiero.

VIEJA *(cantando)*:
> El torito te responde
> que la verdad que tú quieres,
> tiene el corazón clavado
> de agujas y de alfileres.
> ¡Ándale, ándale, niña, al toro!
> ¡Pídele clavellinas de oro!

AITANA:
> Toro que te han de quemar,
> ya tarde, al anochecer,

si me ves contigo arder,
dime, ¿quién te ha de salvar?
VIEJA *(cantando)*:
El torito te responde
como torito de fuego...

*(Golpe seco de tambor, interrumpiendo la* Vieja *el canto y mirando a* Aitana *con fijeza.)*

AITANA *(con angustia)*: ¿Por qué se calla, abuela? ¿Qué dice el toro? Siga, siga, que acabe.
VIEJA: No tiene fin la copla.
VOCES: ¡Al toro! ¡Al toro! ¡Al toro! ¡Que conteste!
VIEJA: El toro es cumplidor... Pero no puede. Algo le aprieta la garganta.
SILENO: Será que es cobardón. ¡Vamos! *(Bajando del carro, tambaleante, y buscándolo a tientas.)* ¿Eres toro o gallina? ¡Dejar a mi Aitana sin respuesta! *(Amenazador.)* Si es por falta de arranque, ¡abajo astas y resoplos! ¡Ave de corral! ¡Toro desplumado! *(Metiéndole la bota por el testuz.)* ¡Bebe! ¡Un trago! Todos los toros beben, menos tú, que te han parido pollo, gorrión, rana, pulga...

*(Gritos y risas de burla.)*

AITANA: ¡Si es que ha perdido el habla, padre! ¡Déjese!
SILENO: Pues que esa bruja invente. No va a ser sólo mi clavel el que se quede sin respuesta. *(Fuera de sí.)* ¡Lo mato, lo mato, lo mato! ¡Le prendo fuego con el sol para que no relumbre y se desluzca!
AITANA: ¡Padre, padre, que el bicho es sagrado!
SILENO: ¡Que muera, o que reviente lo que se calla! No será cosa buena, clavel mío, nardo, dalia, violeta...

Umbrosa: Mejor que se lo guarde, hombre. Tendrás la fiesta más tranquila.
Sileno: ¿Eh? ¿Ladras tú, agua mala, pulpo sombrío?
Umbrosa: Salivas de un tonel no manchan a Umbrosa.
Sileno: ¡Umbrosa! ¡Umbrosita! ¡Zorra playera! ¡Madre de lobeznos hambrientos, sin ley y sin padre!
Martín: Diga usted de leones sin jaula. ¡Borracho! *(Se abalanza a él para golpearle.)*
Aitana y Alción *(Alción, sosteniéndole el brazo; Aitana, interponiéndose entre* Martín *y su padre)*: ¡Martín!
Sileno: ¡Martín! ¡Mi yerno! ¡Mi hijo! ¡Y tú, Alción! ¡Mi hijo también! ¡Ja, ja! ¡Ladrones! ¡Ladronazos! *(Sujetándose fuertemente a* Aitana.*)* Aquí tenéis a la cordera. ¡Acercaos! Arrancádmela con las uñas, y si no, con los dientes. ¡A ver quién de los tres puede llevársela!
Aitana *(forcejeando)*: ¡Que me ahoga, padre, que me ahoga!
Sileno: ¡Dejarte yo delante de los perros! ¡Soltarle mi cordera en los colmillos! No comerán tan buena carne.
Umbrosa: ¡Carne con sangre de veneno! Así son los de tierra, hijos. Les escupo.
Aitana: ¡Salivazos de hidra retorciéndose!
Sileno: ¡Escupe, escupe! Suelta tu tinta, calamar, y húndete en el infierno.
Umbrosa: ¡Que se acabe la fiesta, hijos! ¡Huye, Alción, en tu velero, que aquí va a correr sangre! ¡Vámonos!
Martín: Pero llevándome a mi Aitana, arrancándosela a esa fiera del monte.
Aitana: Si me tocas, Martín, te dentelleo. Te descuajo una mano.
Sileno: ¡Venid, familia de pulpos! ¡Acercaos, playeros, aguas turbias! ¿Qué creíais? Aquí tengo a mi Aitana, a mi niña leona, defendiéndome. ¡Acércate, Martín, y probarás los dientes de mi sangre! Verás que mis entrañas me salieron bravías. ¡Atrévete, ladrón!

*(Se va debilitando la luz.)*

ALCIÓN *(sereno, queriendo imponerse sobre el tumulto)*:
¡Paz, paz, señor Sileno!
SILENO: ¿Qué tiburón la pide?
AITANA: ¡Déjeme, padre, déjeme!
ALCIÓN: Suelte a su hija y que arda el toro. Haya paz, que es mi fiesta.
SILENO: ¡Quien va a arder eres tú! ¿Que te suelte a mi hija? ¿A ti, a ti, a ti? ¡Antes al otro! No la tendrás. ¡No la tendrás! Es mía. ¡No la tendréis ninguno! Se acabó el aire del molino. *(Ahogándola.)* ¡Mía, mía, remía!
*(Un grito largo, sostenido, sale de todas las gargantas. Luego, un silencio profundo.)*
¿Por qué calláis ahora? ¿Es que os habéis marchado, cobardes? *(Gritando.)* ¡Eeeeeh! ¿Es que se ha muerto el eco, robándome también mis gritos y mis voces? Hablad. Chillad. Desgañitaos. Que esas lenguas repiquen y me digan que estáis aquí, llenos de júbilo, viendo cómo se acaba una fiesta. ¡Venid, que ya el aire está en tierra y el molino sin trigo! *(Enternecido, arrodillándose.)* Aitana, mi niña Aitana, brisa perdida, almendrillo en flor, ramo de olivo: no eran ellos, era la mar quien quería llevarte, robarte, a ti, la única tierra que me sostenía. Pero yo la he vencido. Si ella ahoga con manos de sal, yo lo hice con dedos dulces, temblorosos. Aitana, te estoy viendo. A solo amor. Perdóname. *(Levantándose, y entre amenazador: y tierno, pero sin separarse de su hija.)* Ven tú, Martín, ven como un hombre, a que te fije el día de la boda. Acércate... Alción, niño; aquí lo tienes, tu trébol florido. Era tuyo. Con los ojos de la sangre lo venía viendo todo. Ven, hoy que estrenas velero. Hay brisa fresca que te

empuje. Atrévete a llevártelo. Anda... Y tú, mi Umbrosa, ¿estás contenta? Ya no hace falta que tus lobos se marchen. Mira a mi niña Aitana, esa fiera que te comía el sueño... Y tú, bruja, canta. Dale fin a la copla qué interrumpiste. Dile ya a ese torito que la eche, aunque sea por los ojos. Quiero oírlo.

VIEJA *(cantando, débil y triste)*:
>   El torito te responde
>   como torito de fuego,
>   que antes que el toro se encienda
>   te apagarás tú primero.

SILENO *(gritando, loco)*: ¡Pronto! ¡Ya! ¡Que le prendan fuego, que lo asesinen con candela y que su humo cubra de negro y seque todo ese mar que me mató a mi Aitana! ¡Que nunca jamás sepa esta isla que estuvo rodeada de sus jugos amargos! ¡Que pongan velas negras al molino, y gire, gire, gire, repitiendo su nombre, hasta que el viento sur me lleve! ¡Y vosotros, gentes del campo y de la playa, preparad ese carro, que quiero con mi Aitana ir por esas veredas y esos montes, para que sus viñedos y sus pitas, sus higueras, sus trigos, sus rebaños, sus pájaros, comprueben que Sileno fue más fuerte que el mar, fue de tierra, de tierra, de tierra! ¡Vamos! Romped ya ese silencio con un canto capaz de hacer llorar las uvas y desprenderse las olivas.

*(Entre los últimos fogonazos del sol, empieza a subir, lenta, la humareda del toro, mientras un canto sordo, sin palabras, va ascendiendo.)*

TELÓN

# ÍNDICE

| | |
|---|---|
| El adefesio | 7 |
|     Primer acto | 9 |
|     Segundo acto | 29 |
|     Tercer acto | 55 |
| El hombre deshabitado | 77 |
|     Prólogo | 79 |
|     Acto | 92 |
|     Epílogo | 118 |
| El trébol florido | 127 |
|     Primer acto | 129 |
|     Segundo acto | 149 |
|     Tercer acto- | 181 |

Se terminó de imprimir en
Artes Gráficas Piscis S.R.L., Junín 845,
(C1113AAA) Buenos Aires, Argentina.
Mes de Mayo de 2005